# La DiETA antiazúcar

# H. LEIGHTON STEWARD, M. C. BETHEA, S. ANDREWS, L. BALART

# La DiETA antiazúcar

**Javier Vergara Editor**
GRUPO ZETA **z**

Barcelona / Bogotá / Buenos Aires
Caracas / Madrid / México D.F.
Montevideo / Quito / Santiago de Chile

Título original: *Sugar Busters!*

Edición original: Ballantine Books

Traducción: Ana Mazía

Diseño de tapa: Raquel Cané

Diseño de interior: Cecilia Roust

© 1995 H. Leighton Steward, Dr. Morrison, C. Bethea,
   Dr. Samuel S. Andrews y Dr. Luis A. Balart
© 1999 Ediciones B Argentina, S.A.,
   para el sello de Javier Vergara Editor
   Paseo Colón 221, 6° - Buenos Aires (Argentina)

Printed in Spain
ISBN: 950-15-2007-2
Depósito legal: B. 36.073-1999

Impreso por PURESA, S.A.
Girona, 206 - 08203 Sabadell

Dedicado a nuestras entusiastas
esposas que tanto nos apoyan:
Lynda Steward, Brenda Bethea,
Linda Andrews y *Budincito* Balart
(de trigo integral, por supuesto).

# Índice

# Agradecimientos

En un principio, la introducción a las ventajas de un modo beneficioso pero fácil de comer nos llegó a través de Victor Rice y su esposa, Corinne. Ellos, a su vez, recibieron la inspiración en su modo de comer de Michel Montignac, en *Comment maigrir en faisant des repas d'affaires* (Cene fuera y baje de peso). En 1976, William Dufty ya había descrito en *Sugar Blues* los efectos negativos del azúcar. Es interesante señalar que, si bien Dufty reconocía que la insulina tenía un efecto perjudicial sobre el organismo y la mente, ni él ni Montignac describieron con suficiente exactitud hasta qué punto la insulina provoca estragos en nuestro cuerpo, ni los tremendos beneficios que obtienen los diabéticos cuando eliminan ciertos hidratos de carbono de su dieta. Sin embargo, sin los descubrimientos de estos pioneros no podría haberse escrito nada de lo que viene a continuación.

# Palabras
## preliminares

*La dieta antiazúcar* ha revolucionado el modo de comer en Nueva Orleans.

Durante los últimos años, yo mismo he sido testigo del entusiasmo y el interés cada vez mayores que existen por el estilo de vida que propone *La dieta antiazúcar*. Es difícil ignorar un modo de comer que monopoliza la conversación en los cócteles, ha ganado espacio en todo puesto de venta minorista, y predomina en los menús de la mayoría de los restaurantes de dicha ciudad.

Los devotos de *La dieta antiazúcar* son un grupo heterogéneo. Se trata de hombres y mujeres profesionales, trabajadores, madres de futbolistas y chicas pertenecientes a hermandades. Algunos padecen fuerte obesidad, otros necesitan bajar unos pocos kilos. Pero todos los seguidores de este estilo de vida tienen una cosa en común: el vehemente deseo de disminuir la grasa en el cuerpo y de mejorar su salud por medio de una alimentación inteligente.

*La dieta antiazúcar* es el plan de comidas más flexible que he conocido en mi vida, me permite comer la mayoría de los alimentos en cantidades convencionales.

Como *restaurateur*, considero que ésta es una grata novedad pues, por mi profesión, estoy obligado a hacer todas mis comidas, todos los días, en un restaurante de la ciudad (¡sí, es un buen trabajo si puede conseguirlo!) y, si quedara librado a mi arbitrio, y comiera con temerario descuido, me vería en problemas. ¡He ahí la maravilla de *La dieta antiazúcar* ya que la mayoría de las recetas, tanto caseras como de restaurantes, pueden adaptarse a sus exigencias. Carnes magras, pollo y pescado, verduras y frutas frescas, los hidratos de carbono apropiados (los que son poco estimulantes de la producción de insulina), e incluso, el vino tinto están dentro de los parámetros del plan.

Durante muchos años, he presenciado cómo iba en aumento la preocupación de los clientes de restaurantes con respecto a la relación entre su salud y sus hábitos alimenticios. Las ensaladas son las preferidas, y uno de los artículos que más vendemos es el pescado a la parrilla. ¡Y, sin embargo, la venta de postres sigue creciendo! ¿Qué sucede? Los clientes mantienen ese crecimiento. Si esa noche piensan cenar fuera, harán una comida ligera, quizás un trozo de pescado fresco a la parrilla, una ensalada o, incluso, con el fin de dejar espacio para el postre, el cliente puede llegar a pedir un plato principal más ligero aún.

Eso es lo que ofrece *La dieta antiazúcar*: la flexibilidad de poder elegir bien en un amplio abanico de componentes de un menú sin sacrificar la variedad, la frescura ni el sabor. E incluso, no hay problema en que, eventualmente, se consuma algún postre. ¡Recuerde que estamos hablando de un estilo de vida de baja ingesta de azúcar, no sin azúcar!

¡Cocinar es el deporte preferido de mucha gente! Además, es difícil ignorar constantemente muchos de los deliciosos platos que ofrecen algunos de los grandes restaurantes. Sin embargo, dentro del estilo de vida de *La dieta antiazúcar*, existen muchos platos de alta cocina que pueden adaptarse perfectamente a él.

*La dieta antiazúcar* es el enfoque más novedoso y, sin duda, el mejor para transformar las costumbres gastronómicas. Es un plan flexible y divertido; sus prestigiosos autores presentan sus argumentos en el lenguaje de cada día, respaldados por investigaciones que datan de veinte años atrás. Todos ellos practican lo que predican y han vivido de acuerdo con el estilo de vida de *La dieta antiazúcar* durante una cantidad de años. Lo mejor de este libro es que propone algo que de verdad funciona.

Por lo tanto, ¿qué está esperando? ¡Coma, beba (vino tinto, por supuesto), y sea feliz!

Ralph O. Brennan
Ex presidente de la Junta Directiva,
y presidente de la Asociación Nacional
de Restaurantes (1995-1996)
Nueva Orleans, Luisiana

# Prefacio

¿Por qué otro libro referido a la dieta o a la manera de comer? ¿Acaso no se han escrito ya todos? Casi todos ellos dejan de lado el profundo efecto que tiene sobre el organismo una de las hormonas más potentes: la insulina. Éste fue el principal mensaje en *La dieta antiazúcar* original, y ahora ya han demostrado su eficacia decenas de miles de seguidores que han logrado bajar de peso, mejorar la composición química de la sangre o, lo que es muy importante, han controlado mucho mejor su diabetes.

Como la mayoría de las dietas apuntan al descenso de peso, siempre han recomendado la reducción de calorías y/o grasas; ésta es una práctica antinatural, tanto para una sociedad próspera como para un esquimal o un lapón. Norteamérica tiene imperiosa necesidad de establecer un modo de comer (y de beber) que permita a su población consumir cantidades razonables de alimento que puedan aumentar su disfrute cotidiano de la vida. Al mismo tiempo, este nuevo modo de comer eliminará peso no deseado y también, lo que es más importante, los efectos adversos propios de los hábitos alimenticios actuales sobre el colesterol y los triglicéridos en la sangre, efectos que provocan o agravan la diabetes.

¿Es verdad que todos necesitamos una dieta para mejorar nuestra salud y nuestro desempeño? Un elevado porcentaje de nuestra población debe enfrentar todos los días la toma de decisiones y soportar niveles de tensión que, hasta hace unas pocas décadas, sólo debían enfrentar los máximos líderes nacionales. Hoy en día, en nuestra vida, en el hogar, en el trabajo y en el entretiempo, nos vemos frente a exigencias constantes: llamadas telefónicas, faxes, problemas y oportunidades presentados por las computadoras, alta velocidad, atascos de tránsito y el permanente bombardeo de los medios masivos, tanto locales como mundiales, exhibiendo asesinatos, pestes, catástrofes y guerras. Por eso necesitamos estar listos para desenvolvernos mejor ante las presiones mentales y físicas que se nos presentan cada día.

¿Cuatro autores? ¡Caramba! ¿Cómo puede funcionar? Bueno, esperamos que sí; usted será el que lo juzgue. Nosotros hemos pensado que sí porque estamos entusiasmados y estimulados para brindar un mensaje que, realmente, pueda beneficiar a la humanidad... y no nos cabe duda de que la humanidad necesita cierta ayuda en el terreno de los hábitos alimentarios.

Uno de los autores, principal ejecutivo de una de las 500 empresas *Fortune*, tiene alrededor de 60 años y está delgado. Hace más de cinco años que come como recomienda este libro; aún sigue pesando casi 10 kilos menos que su peso habitual y sus análisis de sangre han mejorado de manera notable. ¡Y consumiendo un promedio diario de 3.100 calorías!

De los otros tres autores médicos, uno es cirujano cardiovascular, otro endocrinólogo y otro gastroenterólogo. No son médicos comunes. Nuestro cirujano ha sido votado por sus pares como el cirujano cardiovascular número uno de la Nueva Orleans metropolitana; éste es el voto más prestigioso que puede obtener un médico. El endocrinólogo es miembro del Grupo de Medicina Interna de Audubon en el hospital más grande de Nueva Orleans. Nuestro gastroenterólogo, miembro del Centro Médico Tenet's Memorial de Nueva Orleans, es experto en la fisiología y el metabolismo del hígado. Ha desempeñado una función importantísima en la verificación de las relaciones entre las diferentes secreciones hormonales y el hígado; el sitio donde el cuerpo fabrica el colesterol.

# Introducción

- Si usted disfruta comiendo, este libro es una grata novedad para usted.
- Si prefiere comer fuera o si su trabajo se lo exige, este libro es una grata novedad.
- Si quiere que la composición química de su sangre mejore aunque usted siga comiendo los alimentos más sabrosos, este libro es una grata novedad.
- Si quiere perder cantidades significativas de peso, este libro es una grata novedad.
- Si es diabético, este libro es una grata novedad.
- Todos estos beneficios son posibles; además, en el desarrollo del proceso, usted se sentirá mejor y rendirá más.

Vamos a proponerle un modo de comer que le permitirá ingerir la mayoría de los alimentos en cantidades normales, tal vez mayores aun de las que está consumiendo en la actualidad. Podrá hacer tres comidas completas cada día e, incluso, un apropiado refrigerio. Y si bien no habrá muchas cosas que no pueda comer, sí habrá ciertas combinaciones que deberá evitar. Fundamentalmente, deberá evitar en absoluto los alimentos que exijan la secreción de grandes cantidades de insulina para regular el azúcar en la sangre. Con sólo hacer esto, usted podrá estar más delgado y, al mismo tiempo, más saludable.

Nos habría gustado escribir un libro abultado, de fina impresión sobre todas estas buenas nuevas, pero semejante libro que se refiriese a las consecuencias de la pérdida de peso que acarrea comer bien ya ha sido escrito por Michel Montignac (1986), y William Dufty (1976) ya ha descrito los efectos perjudiciales del azúcar en su obra, *Sugar Blues*.

Existen otros libros publicados que también recomiendan un elevado porcentaje de proteínas en la dieta pero, en general, son tan técnicos o globales que terminan por confundir al lector. Y casi todos ellos dejan de lado los factores más importantes en el proceso sostenido de perder peso, que es la capacidad que tienen ciertos hidratos de carbono de incrementar, en forma notable, la necesidad de insulina de su organismo.

Creemos que, en el mundo apresurado y complejo del presente, la mayoría de los lectores preferirán síntesis concisas y directas de lo que funciona y lo que no, y el por qué de esos resultados, además de algunos cuadros y gráficos que demuestren cómo y por qué da resultado. En el Capítulo 16 se responden las preguntas más frecuentes de nuestros lectores. También, hemos confeccionado un glosario para el lego en la materia, con el propósito de ayudarle a entender algunos de los términos técnicos que suelen ser necesarios para describir adecuadamente varios procesos o hechos. Además, para no mantenerlo en vilo durante 100 páginas o más, queremos brindarle la esencia de nuestros descubrimientos en esta introducción.

Vayamos al meollo de la cuestión: *¡el azúcar es tóxico!* ¿El azúcar? ¿Algunos azúcares? ¿La mayoría de los azúcares? ¿Todo el azúcar? Bien, diremos que el azúcar *refinado* en cantidades significativas es tóxico para casi todos los organismos humanos, y es cierto que contribuye a engordar el cuerpo. Más aún, en nuestro sistema digestivo se producen cantidades importantes de azúcar a partir de hidratos de carbono y almidones. Algunos de estos alimentos causan un perjuicio cierto a la salud corporal y, tal vez, a la mental y, sin duda, al contorno de la cintura. La fructosa, el azúcar de la fruta, normalmente no le hará daño, pero si la come en el momento incorrecto o combinada de manera indebida, puede acarrearle trastornos digestivos y metabólicos. Por lo tanto, lo que recomendamos es una dieta con *bajo contenido de azúcar*. Lo asombroso es que, para lograrlo, no basta con alejar el azucarero.

¿Cómo es posible que algo de tan buen sabor, y que la persona de mayor confianza sobre la tierra, nuestra madre, nos ha dado sin inconvenientes desde la infancia, sea tan dañino para nosotros? Además de las consecuencias directas como, por ejemplo, perjudicar nuestros dientes, el principal efecto del azúcar consiste en estimular a una de nuestras glándulas, el páncreas y hacer que segregue una de las hormonas más potentes del organismo: ¡la insulina!

La insulina produce algunos efectos benéficos en nuestro cuerpo, como regular el nivel de azúcar en la sangre, pero los efectos dañinos causados por la sobre-producción de esta importante hormona son impresio-nantes y más adelante serán descritos de manera más extensa. En síntesis, la insulina hace que nuestros cuer-pos almacenen el exceso de azúcar en forma de grasa. Por otra parte, la insulina inhibe la movilización de la grasa previamente almacenada, aunque uno siga una dieta magra pero generadora de glucosa. Y, lo más sig-nificativo es que la insulina impulsa a nuestro hígado a fabricar la otra palabra con C mayúscula: colesterol.

Ahora podría aceptar las dos primeras y decir:

—¡Caramba! Por eso engordaba o no conseguía bajar de peso, aunque consumiera poca cantidad de ali-mentos pero, ¿por qué debo aceptar esta vinculación entre la insulina y el colesterol?

La verdad es mejor que la ficción así que, permíta-nos relatarle una conversación entre dos de nuestros autores.

Después de haber comenzado a comer bistecs, costillas de cordero, queso, huevos y cosas por el es-tilo por primera vez en 15 años, y viendo que su colesterol había descendido 21 por ciento y sus triglicéridos 50 por ciento, nuestro ejecutivo le dijo a su médico (da la casualidad de que es cirujano del corazón) que, al parecer, la única deducción lógica era que la insulina estaría provocando la producción de colesterol en el hígado, porque la diferencia princi-pal de su dieta pobre en azúcar era un bajo promedio de insulina en su organismo. Nuestro médico hizo una pausa de unos segundos y dijo:

—¿Sabe una cosa? ¡Tiene razón! Cuando nuestros diabéticos llegan al punto en que no pueden controlar su enfermedad con píldoras, dietas y ejercicio, y tenemos que darles inyecciones de insulina, sabemos que el efecto colateral más importante será el aumento considerable del colesterol y que, a medida que las dosis de insulina continúen, los diabéticos de tipo II tenderán a la obesidad.

Nuestro médico, honesto y perspicaz, reconoció de inmediato una conexión frecuentemente descuidada entre la insulina y el colesterol. Por otra parte, nuestro endocrinólogo verificó que sus pacientes diabéticos tenían niveles más altos de colesterol total y de triglicéridos que el resto de la población.

Estamos muy cerca del siglo XXI, y casi nadie presta atención a la relación insulina/colesterol. Parece una locura pero, ¿cuántos médicos le han presentado esta idea? ¿Por qué tantos de nuestros amigos o pacientes que han hecho una dieta escasa en azúcar (no sin azúcar) han bajado su colesterol en un promedio del 15 por ciento, sin ejercicios ni píldoras? ¿Cómo es posible que hayan aumentado su ingesta de grasa y, aun así, hayan visto bajar sus niveles de colesterol, triglicéridos y su peso? Es la consecuencia de haber bajado los niveles de *insulina* en la sangre.

Los hidratos de carbono se descomponen en glucosa (azúcar) en nuestro organismo, y esto eleva el nivel de azúcar en la sangre. Entonces, el páncreas segrega insulina para bajar el nivel de azúcar en nuestra sangre, pero esa misma insulina promueve el almacenamiento de grasa y el aumento de los niveles de colesterol. Por otra parte, la insulina inhibe la destrucción (pérdida) de grasa almacenada. No es una fantasía sino un hecho. Los gráficos de la Figura 1 (p. 33) "hablan de esto" de un modo simple.

A propósito, hay personas resistentes a la insulina; éstas necesitan recibir grandes cantidades de ellas para regular los niveles de azúcar en la sangre. No hemos hallado nada de bueno en los elevados niveles de insulina en el organismo. Más adelante nos extenderemos sobre este tema.

Pasemos revista a la base de nuestro "estilo de vida dietario", que será abordado más minuciosamente en los capítulos siguientes. Hay pocas cosas que no podrá comer con esta dieta. Son los hidratos de carbono los que provocan una intensa secreción de insulina. Prácticamente, deberá eliminar patatas, maíz, arroz blanco, pan hecho con harinas refinadas, remolachas, zanahorias y, por supuesto, azúcar refinada, jarabe de maíz, melaza, miel, bebidas cola azucaradas y cerveza. Fuera de eso, es conveniente comer la fruta sola. La lista de alimentos permitidos por esta dieta es extensa; usted se deleitará con su abundancia y variedad.

Algunos preguntarán:

—¿Cuánta trampa se puede hacer con esta dieta?

En el párrafo anterior decíamos que había que eliminar, casi, los azúcares refinados y ciertos hidratos de carbono. Eso significa que es muy poco lo que se puede trampear. Obtenga su azúcar (glucosa) por medio de raciones normales de todos los hidratos de carbono aceptados que aparecen en el Capítulo 10. La respuesta correcta es: teniendo en cuenta la salud. Teniendo en cuenta el peso, algunos de ustedes podrán hacer más trampa que otros sin aumentar, pero si el exceso de peso es considerable, será preferible que la trasgresión sea muy poco frecuente.

¿Parece demasiado simple? Bueno, en realidad lo es, pero las explicaciones de "por qué" y "cómo" funciona son un tanto más complejas. Cuando usted entienda las razones por las que el estilo de vida *La dieta antiazúcar* resulta, se convencerá de que no se trata de otra de esas dietas engañosas y se sentirá más inclinado a seguir sus directivas de manera más estricta y disfrutar del máximo de sus beneficios. Por eso, por favor, no salte directamente al Capítulo 9; empiece la dieta, pues de lo contrario no podrá contar a sus amigos por qué ha bajado de peso y cómo ha recuperado la elasticidad de su paso. Conozca los beneficios y los placeres que puede brindar a su vida... que, probablemente, será más prolongada.

¿Somos los primeros en decir que ciertas combinaciones de alimentos son malas para las personas? No, pero creemos que hemos contribuido a demostrar por qué es buena para usted la manera específica de comer que describimos, por qué le ayudará a bajar de peso sin gastar un centavo en píldoras ni tratamientos y le permitirá disfrutar comiendo sin sentir culpa.

Las calorías no son la solución para subir o bajar de peso. El término *caloría* fue usado por primera vez por Lavoisier alrededor de 1840. Después, se desarrolló una teoría de las calorías que explicaba el aumento o pérdida de peso. Y si bien más adelante se demostró la falsedad de esa teoría, los nutricionistas de la comunidad médica ignoraron esa corrección.

Durante décadas, la industria de la alimentación nos ha "engañado", ya sea porque no sabía lo que era bueno o porque tenía otros motivos obvios. Hace años que los datos científicos están disponibles en nuestro país como para que un investigador, aplicando la lógica llegue a la misma conclusión. Solamente los norteamericanos gastan 32 mil millones al año tratando de bajar de peso, más un adicional de 45,8 mil millones de dólares en tratamientos médicos relacionados directamente con problemas provocados por la obesidad y 23 mil millones en horas de trabajo perdidas por los mismos problemas (*Scientific American*, agosto de 1996). Por desgracia, éste es un incentivo para que algunas industrias ignoren una manera de comer que no genera ganancias. Por eso, prepárese: tiene que esforzarse para superar una enorme cantidad de información equivocada, de conceptos erróneos y de propaganda, lisa y llana.

¿Qué impulsa a tres médicos a hablarle de algo que sólo le costará unos pocos billetes adicionales por año en su cuenta de alimentación? Gracias a Dios, los médicos se ocupan de esto para salvar vidas. El mensaje expresado en este libro puede prolongar vidas y mejorar su calidad de manera notoria. Los efectos de una dieta pobre en hidratos de carbono (azúcar) alejarán los pacientes de muchos médicos.

¿Qué tiene de malo perder peso de otra manera? Algunas dietas hacen sufrir hambre, y sus peores efectos consisten en la falta de muchas de las proteínas, vitaminas y minerales esenciales para el organismo, además del padecimiento constante de soportar la ausencia de cantidades normales de alimento. Desde luego, existe una enorme industria que se erige sobre la necesidad de proveer de vitaminas y suplementos en la cantidad que a usted se le ocurra, pagando por ello. ¿Probó alguna vez una píldora que le gustara? En lugar de tener que tragar una, ¿no es preferible comer un plato lleno de carne y verdura y perder peso al mismo tiempo?

¡Qué derroche gastar 32 mil millones por año sólo para tratar de bajar de peso! ¿Por qué no gastar unos pocos dólares más de su presupuesto habitual de comida reemplazando los hidratos de carbono que más estimulan la producción de insulina, incluidos los almidones, por otros alimentos integrales que pueden adquirirse casi en cualquier tienda?

Ya hemos hablado de los efectos perjudiciales de la insulina; ahora describiremos los beneficios de otra secreción orgánica. El páncreas libera el glucagón —mostrado también en la Figura 1 (p. 33)— en la corriente sanguínea en cantidades considerables, tras el consumo de una comida abundante en proteínas. El glucagón impulsa la movilización de la grasa previamente almacenada; es así que, cuando usted quema sus reservas en forma de la energía necesaria entre comidas, un nivel alto de glucagón permitirá que esa energía provenga del rollo de grasa o "michelín" que rodea su cintura. El cuadro de glucagón también muestra que, cuando el nivel de esta sustancia aumenta, permanece elevado durante cierto tiempo, y el organismo puede seguir quemando esa grasa movilizada.

Recuerde que la insulina *inhibe* la movilización de esa grasa previamente almacenada. Como una comida rica en proteínas no estimula la producción de cantidades significativas de insulina, *no se hace* presente el inhibidor de la movilización de la grasa, pero *está* presente ese factor movilizador de la grasa cuando hay altos niveles de glucagón.

En ese esquema también se ve que las comidas ricas en hidratos de carbono anulan la secreción de glucagón. En consecuencia, está ausente el movilizador de grasa almacenada, pero sí está presente en cantidades considerables la hormona que promueve ese almacenamiento, la insulina. ¡Cuando la grasa se almacena, todos sabemos adónde va a parar!

¿Está dispuesto a recibir más buenas noticias? Siguiendo la forma de comer que recomendamos, se puede aliviar en gran medida buena parte de las enfermedades digestivas más comunes. Uno de los autores pasó de tomar antiácidos dos veces por semana a nada (cero) en un lapso de 13 meses, comiendo, al mismo tiempo, bistecs, costillas de cordero, queso y huevos por primera vez en 15 años. La otra alteración, además de la dieta pobre en azúcares fue la sustitución de las bebidas alcohólicas previamente consumidas por vino tinto.

¿Beber o no beber? Se pueden presentar argumentos en los dos sentidos. Pero nosotros, como muchos doctores del país, creemos que si usted consume bebidas alcohólicas, la que más le beneficia es el vino tinto. Los habitantes de países donde el consumo relativo de vino tinto es mayor que el de otras bebidas alcohólicas tienen una menor incidencia de enfermedades cardiovasculares.

Una cosa es segura: el consumo de alcohol no contribuye al descenso de peso. Con todo, bastarán ciertos ajustes razonables en los hábitos alimenticios para bajar considerablemente de peso, aun sin abandonar el consumo continuado de cantidades discretas de alcohol, como las que contiene el vino tinto.

¿Qué pasa con respecto a la gimnasia? Indudablemente, es una contribución positiva al buen estado del cuerpo y la salud, sobre todo si se hace con regularidad y sin exagerar. De cualquier manera, una práctica moderada de ejercicios no modificará demasiado el descenso de peso si uno sigue ingiriendo alimentos que provocan la necesidad de elevados niveles de insulina en su corriente sanguínea.

Uno de los autores ha bajado más de nueve kilos y mantuvo ese descenso y, si bien no está orgulloso de no haber reservado tiempo para hacer gimnasia, no hace ningún ejercicio (¡salvo levantar el tenedor y el cuchillo!). En consecuencia, la pérdida de esos nueve kilos no provino del ejercicio ni de una dieta de bajas calorías.

Sin embargo, seguimos creyendo que el ejercicio es beneficioso. Combinado con la dieta pobre en azúcar que recomendamos, ayudará al mejoramiento general del control de peso y de la salud.

Una advertencia: si usted es maratonista o "fanático" de la gimnasia, probablemente esta dieta no sea apta para usted. Los ejercicios intensos requieren alimentos que generen grandes cantidades de glucosa para alimentar su máquina.

¿Todos los cuerpos reaccionan y procesan (metabolizan) la misma comida de la misma manera? No, pero entender los mensajes presentes en este libro le ayudará a entender el motivo, y también qué puede hacer para ejercer una influencia positiva en la reacción de su organismo a los diversos alimentos y combinaciones de ellos.

Hay mujeres a quienes les resulta más difícil que a los hombres perder peso con cualquier dieta. Esto puede deberse, en parte, al hecho de que, poco después del nacimiento, la velocidad del metabolismo femenino, teniendo en cuenta la edad, es un 10 por ciento más baja, aproximadamente, que la del masculino. Las hormonas presentes, tanto antes como después de la menopausia también pueden ser causantes de las dificultades para bajar de peso. La terapia hormonal en forma de píldoras de control de la natalidad o suplementos de progesterona puede llegar a agravar este problema. En el Capítulo 8 se abordan con más detalle esos problemas que padecen algunas mujeres, en relación con el descenso de peso debido a la ingestión de hormonas.

Además, le rogamos tener en cuenta que, hasta los más comunes preparados de venta libre pueden provocar retención de líquidos, aumento del apetito y otros cambios que causan aumento de peso. Pero todos, en especial las mujeres, debemos ser prudentes al tomar o interrumpir cualquier medicación sin consulta previa con el médico.

Si bien nos hemos referido a los efectos causales y/o dañinos en problemas como el aumento de peso, la diabetes y las enfermedades cardiovasculares, no hemos hablado de muchas otras enfermedades o estados mentales potencialmente perjudiciales sobre los cuales influye el consumo de grandes cantidades de azúcar. Y a medida que nosotros y otros sigamos con la investigación controlada del azúcar o impulsemos a ello, sobrevendrán observaciones más definitivas. Por ahora, bastará decir que sólo con los pésimos efectos del consumo excesivo de azúcar que hemos documentado en este libro, lo más probable es que la lista de problemas causados por el azúcar crezca de manera considerable.

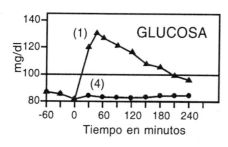

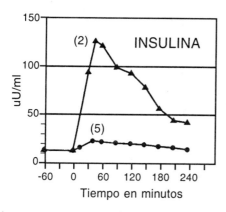

▲ Comida abundante en hidratos de carbono

● Comida abundante en proteínas

## Figura 1

Siguiendo una dieta con elevado contenido de hidratos de carbono, los niveles de glucosa se elevan rápidamente (1), estimulando la liberación de insulina (2), que promueve la utilización de glucosa pero, también, ordena al organismo que almacene grasa e impida la movilización de la grasa previamente almacenada. El elevado nivel de glucosa suprime la secreción de glucagón (3). En cambio, una comida abundante en proteínas provoca un aumento casi imperceptible de la glucosa en la sangre (4) y, en consecuencia, un aumento insignificante de la insulina (5), pero un incremento importante del nivel de glucagón (6). Y el glucagón promueve la movilización de la grasa anteriormente almacenada.

Fuente: Wilson y Foster, modificada, (1992).

||||||||||||||||||||||||||||||||||||||||||||||||||||||||||||||||||||||||||||||||||||||||||||||||||||||||||||||||

# Breve historia
## del azúcar refinado

¡Sus ancestros no lo hicieron; tampoco sus perros! En el devenir de todos los eones en que nuestros sistemas digestivos han evolucionado, el azúcar refinado, sencillamente, no existía. Sólo había miel; para unos pocos. También se masticaba la fibrosa caña de azúcar. Pero, para la mayoría de los habitantes del planeta el azúcar concentrada no existía en absoluto, ni existió durante esos cientos de miles o millones de años.

Tampoco gozaron esos pobladores del lujo de comer una combinación de varias clases de alimentos. Comían como lo hacen hoy los animales de compañía (salvo cuando les obligamos a hacer otra cosa): sólo una cosa cada vez, y de ninguna manera en alguna forma refinada. No consumían grandes cantidades de hidratos de carbono híbridos, que habrían exigido grandes cantidades de secreción de insulina.

Lo más probable es que no se obligara al páncreas a segregar tanta insulina en *un día* de *una vida entera*... ¡como se le exige hoy *cada día* de la vida de un niño! Para tener un ejemplo visual del modo en que en los últimos 15 siglos hemos pasado de consumir cero azúcar refinado a un promedio cotidiano de esa sustancia, bastará con que observe la Figura 2 (p. 37). Tiene razón; ¡piense cuánta glucosa (azúcar) genera la combinación de hidratos de carbono y almidón de nuestra "dieta equilibrada", dato que jamás recogen las estadísticas comparativas!

Teniendo en cuenta la evolución digestiva del hombre, sólo hemos tenido azúcar refinado durante un parpadeo del tiempo. Piénselo. ¿Acaso es de extrañar que la incidencia de la diabetes y de la tolerancia a la glucosa siga subiendo y subiendo? Tal vez suceda que fatiguemos o agotemos a nuestras glándulas pancreáticas.

¿Dónde se originan las observaciones sobre los efectos perjudiciales del azúcar? Como el azúcar refinado no existía en ningún lugar del mundo hasta el 500 dC., más o menos, habrán comenzado después. Los antiguos libros sagrados de las principales religiones del mundo ni siquiera mencionan el azúcar. La miel, sí; el azúcar, no. Los primeros cronistas e historiadores no contaban con una palabra para ella. Si así hubiese sido, sin duda la habrían mencionado de manera prominente, pues toda sociedad en la que ha aparecido el azúcar refinado ha quedado inmediatamente atrapada en sus deleites y, por desgracia, también en sus efectos dañinos.

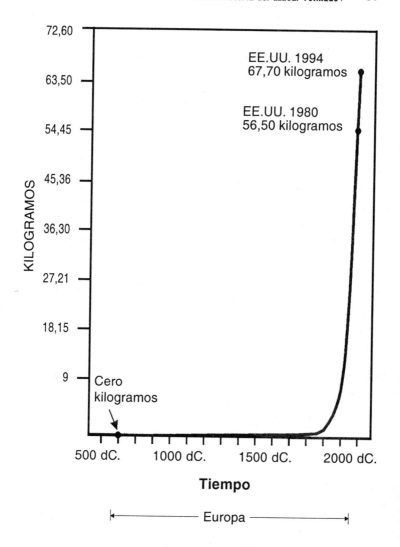

FIGURA 2

CONSUMO TOTAL DE AZÚCAR REFINADO POR PERSONA Y POR AÑO

Fuente: Departamento de Agricultura de Estados Unidos.

En época más reciente, un médico del siglo xvii, el Dr. Thomas Willis (1647), anotó sus observaciones acerca de la diabetes y algunos de los efectos negativos del azúcar. Otros, apenas se ocuparon del tema y, si lo hicieron, sus obras no son fáciles de encontrar.

A comienzos del siglo xx, se hicieron más intentos de alertar al mundo sobre los peligros de esta sustancia refinada, pero con pocas consecuencias. En 1976, William Dufty escribió *Sugar Blues* que, según dijo, estuvo inspirado por la famosa actriz Gloria Swanson, ya fallecida, que había reconocido los efectos tóxicos del azúcar tanto en su mente como en su cuerpo.

La investigación de Dufty, que sintetizaba las observaciones de autores anteriores con respecto al azúcar, señalaba los profundos efectos negativos de la sustancia en los ejércitos antiguos, hasta en naciones enteras, a medida que la introducían en su consumo. Su trabajo hace hincapié (como es lógico) en que la diabetes y otras enfermedades aumentaron en forma manifiesta a medida que crecía el consumo de azúcar.

¿Por qué no se hicieron populares las revelaciones o las observaciones de los primeros médicos y de los cruzados antiazúcar? Durante un par de siglos, la presión de los partidarios del azúcar refinado ha sido muy potente. Las inversiones del comercio azucarero entre naciones han sido siempre muy elevadas. Incluso, la esclavitud floreció a causa de él. La presión de los cultivadores de azúcar, fabricantes de bebidas cola y de la industria de los alimentos envasados ha ejercido una influencia muy eficaz sobre nuestros gobiernos. ¿Qué político querría decir a sus votantes que no deberán seguir comiendo azúcar?

¿Está mal ejercer presión política para imponer el producto que uno fabrica? No, pero sí está mal *minimizar* los graves efectos colaterales del consumo de azúcar refinado como, por ejemplo, el aumento de la incidencia de una enfermedad tan mala como la diabetes, con sus espantosos efectos sobre muchos órganos de nuestro cuerpo.

El principal problema que surge de la ignorancia social acerca de los efectos perjudiciales del azúcar se apoya en nuestra tendencia a ignorar lo que no queremos saber. En el pasado ha habido bastantes cruzados que traían el mensaje de condena del azúcar: éste podría haber sido escuchado y luego difundido por el medio de comunicación más eficaz, es decir, de boca en boca. No ha sido así; por lo tanto, debemos deducir que no hemos querido escuchar el mensaje. Como los alcohólicos atrapados por el alcohol, nosotros lo estamos por el azúcar. Hemos dicho:

—¡No me digas que el azúcar también hace mal!

Por fortuna, bastaron poco más de dos años para que se vendieran más de 200.000 copias de la versión de este libro que nosotros mismos publicamos y, a consecuencia de ello, se formase una legión de seguidores. La venta debe de haberse hecho de boca en boca, puesto que el libro no ha tenido publicidad. Lo que sucedió fue que la gente necesitaba una explicación simple y directa del modo en que el consumo de azúcar iba a hacerlos engordar (y perder la salud).

Si no está usted decidido a abandonar la mayor parte de su consumo de azúcar para mejorar su peso y su salud, esta "dieta" no funcionará mediante un esfuerzo hecho sin ganas, acompañado de constantes trampas. ¡Tampoco se sobrepase agregando más raciones de los alimentos permitidos!

Hay ciertas informaciones sobre la duración promedio de la vida que podrían sorprenderle. La estadística que indica que la vida del hombre ha aumentado en un 50 por ciento en el último siglo es correcta, pero se debe, casi en su totalidad, al enorme descenso en la tasa de mortalidad infantil y en la primera infancia. Los hombres de mediana edad (más o menos 50 años) sólo viven 18 meses más de lo que sucedía en 1900, pese a la disponibilidad de inyecciones contra la gripe, de penicilina para las neumonías, de los antibióticos y la tecnología quirúrgica en general como, por ejemplo, la del diagnóstico precoz, la posibilidad de transplantes y los múltiples sistemas de apoyo de la vida.

Por otra parte, contamos con la tecnología de la refrigeración y de mejores procedimientos de envasado, que nos permiten comer una enorme variedad de alimentos y minerales durante todo el año. Tampoco entrará usted en ninguna tienda de alimentos o farmacia sin encontrarse con anaqueles repletos de vitaminas, minerales y otros suplementos.

¿Por qué tanta medicina preventiva, tanta disponibilidad de dieta "equilibrada" durante todo el año y tecnología de apoyo vital (que, realmente, agrega varios años a la vida de muchas personas) no agrega más que un año y medio a la expectativa de vida del hombre?

Nosotros creemos que el culpable principal es el vuelco fundamental hacia los alimentos refinados, sobre todo el azúcar. Esto ha incidido sobre nuestra población de la misma manera que lo hizo sobre la realeza en los últimos siglos. Pan de harina refinada para los privilegiados, en lugar del hecho con harina de grano entero, y el consumo de grandes cantidades de azúcar y de miel en poco tiempo cobraron su tributo sobre la realeza, engordando a sus miembros, provocándoles gota y, al parecer, diabetes.

No porque dispongamos de cualquier cosa en el mundo para comer significa que comamos mejor o, al menos, tan bien como la mayoría de nuestros antepasados, que comían del modo conveniente a nuestros aparatos digestivos. De hecho, estamos convencidos de que la expectativa de vida del hombre de mediana edad se ha deteriorado —salvo en lo que se refiere a los milagros médicos—, y que el promedio de su calidad de vida en sus últimos años también ha disminuido. Los milagrosos avances médicos han sido contrarrestados por el desmedido aumento del consumo de azúcar, como se ve en la Figura 2 (p. 37).

Es bastante lógico que pensemos en agregar el azúcar refinado, en primer lugar, a la lista de cosas que son, o pueden ser, "azarosas para la salud" cuando vemos el aumento de enfermedades causadas por un elevado consumo de esa sustancia y de algunos otros hidratos de carbono. El azúcar sería, sencillamente, el culpable número uno en el descenso de la calidad de vida y causante de muerte prematura. Por cierto, hay suficiente evidencia que nos lleva a tal conclusión.

Si el mensaje "el azúcar causa enfermedades" aún no se ha difundido, ¿por qué creemos que vale la pena el esfuerzo de otro libro acerca del tema? El exceso de insulina mata prematuramente a las personas, y aun aquellas que sobreviven hasta edad avanzada suelen tener una calidad de vida muy deteriorada. La importancia de la insulina ha sido ignorada por la gran mayoría de la literatura acerca de la nutrición y de la dietética. La "conexión insulina" necesita ser entendida y hay que repetirla una y otra vez hasta que se considere su correspondiente valor.

Usted es el único que se beneficiará con una dieta pobre en azúcares. Aquí es aplicable una de los buenos viejos tópicos: "Hoy es el primer día del resto de su vida". Piénselo.

Por último, los principios básicos definidos en *La dieta antiazúcar* han sido sometidos a pruebas de campo por el sistema digestivo humano durante eones. *La dieta antiazúcar* difiere de los nuevos anuncios acerca de dietas, de salud y de suplementos, que suelen ser pródigos en promesas pero avaros en demostraciones concretas. Estas nuevas afirmaciones demuestran, con demasiada frecuencia, que terminan siendo falsas o ineficaces después de pocos años de investigación. Pero, cada vez que se da amplia publicidad a un nuevo anuncio, alguien o alguna industria gana una tonelada de dinero de las ventas vinculadas a ello. Por el contrario, seguir los principios de vida que propone *La dieta antiazúcar* no le costará nada.

# 2

# Mitos

Ante todo nos gustaría destruir algunos de los conceptos que, como han estado dando vueltas durante tanto tiempo, cuentan con credibilidad universal, incluso en el entorno de los médicos. La verdad es que la mayoría de los médicos, dietólogos y otros profesionales de la salud saben muy poco acerca de la complicada interrelación entre hidratos de carbono, grasas y proteínas cuando esos elementos ingresan en el organismo. Éste es un ámbito en el que ha regido el dogma, o se ha escatimado —por conveniencia— determinada opinión, y sólo unos pocos individuos han desafiado esos conceptos erróneos. Examinemos más atentamente algunas de esas opiniones.

## Calorías y pérdida de peso

¿Qué es, exactamente, una caloría; además, es tan importante? Una caloría es la cantidad de energía (calor) necesaria para elevar en un grado centígrado la temperatura de un kilogramo de agua (de 15 °C a 16 °C). En otras palabras, es la unidad con que se mide la cantidad de energía necesaria para obtener determinado resultado. Pero, ¿cómo se relaciona esto con el cuerpo humano y qué significa para nosotros?

Si nosotros fuésemos motores de combustión interna o calderas, sería fácil entender la importancia de este concepto pues, cualquiera fuese la cantidad de combustible que entrase en nuestro motor, entregaría aproximadamente una cantidad de energía equivalente. Desde un punto de vista teórico, si uno consumiese una cantidad de alimentos que contuvieran cierta cantidad de calorías, el organismo tendría que gastar esa energía durante un período de tiempo determinado para que el balance de calorías se equilibrara. Se ha supuesto siempre que, en caso contrario, el organismo convertiría ese exceso de calorías en energía almacenada (¡grasa!), que sería utilizada más adelante, cuando el cuerpo necesitara más energía de la que había consumido. Ésta ha sido la teoría vigente durante décadas y, por desgracia, ha sido aceptada por la mayoría de los profesionales de la nutrición. En este modelo, cuando la ingesta de calorías sea mayor que las exigencias energéticas del cuerpo, no hay duda de que se acumulará la grasa.

Muchas de estas premisas se basaron en investigaciones llevadas a cabo décadas antes, que no fueron verificadas por otros investigadores ni sujetas al tipo de examen y de perfeccionamiento permanente que es habitual en la investigación científica. Webb (1980) tabuló una cantidad de estudios sobre el exceso en la ingestión y determinó con precisión que el consumo de energía (calorías) no es suficiente para predecir ni aumento ni pérdida de peso en ningún individuo determinado. De todos modos, la teoría calórica es ampliamente aceptada y ha arraigado en la mente del público.

Por fortuna, la evolución no ha llevado a los individuos a convertirse en máquinas, y las necesidades calóricas y de consumo nunca precisaron de un perfecto equilibrio, o de un equilibrio tal que debamos preocuparnos demasiado por pequeñas variaciones en una u otra dirección. En los seres humanos, el peso corporal está regulado por los efectos integrados y bien coordinados de la ingestión de alimento y el gasto de energía, y la verdad es que nadie entiende bien todavía cómo realiza el organismo ese complejo proceso. Sabemos que la disminución de la cantidad de calorías en la dieta sólo conduce a una pérdida transitoria de peso, de modo que debe haber un proceso compensatorio o alguna otra explicación.

La investigación ha demostrado que, cuando hacemos dieta y perdemos peso, el cuerpo cambia la cantidad de energía que gasta. El cuerpo adapta sus necesidades energéticas nivelándolas hacia abajo y, en consecuencia, gasta menos energía para funcionar (Leibel, Rosenbaum y Hirsch, 1995). Esto provoca una forma de resistencia al mantenimiento de un peso reducido, aun cuando se observe exactamente la misma dieta de bajas calorías. Este sorprendente fenómeno explica los malos resultados en lo que concierne a la duración de la mayoría de las dietas para tratar la obesidad. Por otra parte, comiendo menos nos sentimos desdichados; sólo unos pocos estarán dispuestos a tolerar esa situación el resto de su vida. Llegará un momento en el que nos rendiremos a uno de los mayores placeres de la vida: comer en cantidades normales.

En nuestra opinión, las calorías en sí no son tan importantes como el tipo de alimentos que ingerimos, cómo lo hacemos y qué procesos metabólicos controlan su asimilación. Lo que sabemos es que pueden consumirse las cantidades normales... ¡y hasta un poco más grandes durante períodos indefinidos sin aumentar de peso!

## Grasas y aumento de peso

El hecho de que las grasas aporten más calorías por gramo (nueve) que los hidratos de carbono y las proteínas (cuatro), ha sostenido el mito popular de que son perjudiciales. En gran medida, esto ha sido impulsado por el mito que consiste en llevar la cuenta de las calorías, o sea que determinada cantidad de gramos de grasa produciría más calorías que la misma cantidad de hidratos de carbono; por lo tanto, comer menos grasas y más hidratos de carbono daría como resultado un menor consumo total de calorías y una dieta más saludable. Este razonamiento ha dado gran ímpetu al consumo de ciertos tipos de hidratos de carbono como las pastas, las patatas y el arroz. Esta tendencia ha alcanzado proporciones sin precedentes en EE. UU., traduciéndose en la actual locura por las pastas.

El hecho es que las grasas, por sí mismas, no necesariamente provocan aumento de peso. Más aún; son de importancia vital para el organismo pues lo proveen de elementos esenciales como los ácidos grasos y muchas vitaminas y hormonas importantes para los procesos metabólicos. Es cierto que muchos de nosotros consumimos más grasa de la que necesitamos pero eso se debe, en gran medida, al hecho de que las grasas están presentes en muchas comidas populares en la actualidad como, por ejemplo, las rosquillas (donuts), el pollo frito o las patatas fritas. En consecuencia, si bien es saludable consumir una cantidad razonable de grasa, coincidimos en que, por lo general, es necesario disminuir la gran proporción de grasas saturadas que forman parte de la dieta corriente.

Dado que tanto la ingestión de grasas como la de hidratos de carbono podría impulsar cambios en el colesterol, es muy importante señalar que ciertas grasas lo disminuyen y otras lo aumentan. Por ejemplo, es verdad que los ácidos grasos monoinsaturados contenidos en alimentos como el aceite de oliva, el de canola, de cacahuete/maní, de nuez de pacana pueden ser beneficiosos para los pacientes con enfermedades coronarias o con alto riesgo de padecerlas.

Estudios dignos de confianza han confirmado los bajos promedios de enfermedades coronarias en los países del Mediterráneo, donde un alto porcentaje de las calorías que consumen los habitantes en forma de grasas monoinsaturadas provienen del aceite de oliva. Otros estudios han demostrado similares efectos beneficiosos producidos por nueces y almendras, ricas en grasas monoinsaturadas (O'Keefe, Lavier, y McCallister, 1995).

Sin embargo, existe la convicción de que las grasas saturadas y muchas de las polinsaturadas llevan a un aumento del riesgo de contraer enfermedades coronarias. En una investigación reciente con pacientes a los que se asignó, en forma aleatoria, una dieta similar a la mediterránea con abundancia de vegetales, frutas frescas, cereales integrales y aceite de oliva, comparada con una dieta corriente, en el grupo mediterráneo hubo un descenso del 79 por ciento de episodios cardiacos mayores, tras 29 meses (de Lorgeril, Mamelle y Salem, 1993). ¡Aun así, la dieta estándar recomendada a pacientes con enfermedades coronarias o con riesgo de padecerlas, consiste en consumir de 70 a 85 por ciento de calorías provenientes de hidratos de carbono, con muy pequeñas cantidades de grasa y proteína! Lo más probable es que ésta sea la recomendación más errónea para la mayoría de los pacientes, pues semejante dieta puede incrementar los niveles de triglicéridos y disminuir los de lipoproteínas de alta densidad HDL, el colesterol "protector" (cuanto más alto sea el HDL, mejor).

Otra clase de grasas que pueden ser beneficiosas para las enfermedades cardiacas son los ácidos omega-3 polinsaturados de los aceites de pescado. Estos aceites disminuyen los niveles de triglicéridos y la viscosidad de las plaquetas en la corriente sanguínea. Por lo general, una cifra alta de triglicéridos, o plaquetas "pegajosas", contribuye a iniciar, e incluso a provocar la arterioesclerosis.

Entonces, a nuestro juicio, no todas las grasas son iguales y no se debe pensar que tienen los mismos efectos cuando se las ingiere. De hecho, la mayoría son buenas para usted; hablaremos más extensamente de ellas en el Capítulo 3.

## Colesterol

Un mito muy cercano al anterior es la historia del colesterol. El colesterol no fue una preocupación importante hasta comienzos de la década de los setenta. En aquel momento, se difundieron en Estados Unidos las primeras pautas, que advertían contra los peligros de la mantequilla/manteca, los huevos, el tocino y otras grasas animales. De allí surgió la actual tendencia a clasificar los alimentos como sanos o insalubres.

La relación entre las grasas (triglicéridos), el colesterol y las enfermedades cardiacas se presentó en el Estudio de los Siete Países. Este estudio recomendaba reducir el consumo de grasas a un 30 por ciento del total de aporte energético. ¡Sin embargo, el estudio revelaba que entre la población holandesa, el porcentaje de energía obtenido de la grasa era del 48 por ciento y, pese a ello, su expectativa de vida era una de las más altas de Europa!

Del mismo modo, en Creta, el consumo de grasa constituía el 40 por ciento del total de consumo de alimentos energéticos, aunque la incidencia de las dolencias cardiacas era una de las más bajas de Europa. Estas contradicciones nunca han sido satisfactoriamente explicadas, aunque estamos de acuerdo en que los niveles muy elevados de colesterol (más de 300 mg/dl*) están estrechamente relacionados con las enfermedades coronarias (Artaud-Wild, Connor, Sexton y Connor, 1993).

---

\* mg/dl (miligramos por decilitro) es la escala usada en laboratorio para medir los niveles de colesterol en la sangre.

Además, los estudios clínicos dirigidos al descenso de los lípidos, entre los cuales se halla el colesterol, no han demostrado una disminución consistente en las tasas de muerte, pese a haber logrado bajar el colesterol. En ciertos estudios, más de la mitad de los pacientes con enfermedades coronarias tienen cifras de colesterol inferiores a 200 mg/dl (Anderson, Castelli y Levy, 1987). La moraleja es que, en muchas circunstancias, el colesterol total por sí solo no es un indicador fiable del riesgo de enfermedad cardiovascular.

## El alcohol siempre es malo para usted

Todos hemos oído hablar una y otra vez de lo mucho que engorda el alcohol, pero esto sólo es verdad en parte. Comparado con muchos otros hidratos de carbono, el alcohol engorda mucho menos. Por ejemplo, un vaso de vino tiene menos calorías que una rebanada de pan blanco. Por lo general, el organismo utiliza el alcohol como fuente inmediata de energía. Mientras lo hace, el cuerpo no consumirá ninguna energía proveniente de las reservas orgánicas (¡grasa!). La conclusión obligada es que el alcohol impedirá cualquier descenso de peso. Pero esto se podría aplicar a cualquier cosa que aportase una cuota importante de energía a nuestro cuerpo.

Al parecer, este efecto negativo es más pronunciado cuando se bebe alcohol con el estómago vacío. Pero este efecto es minimizado si es bebido después de haber llegado algún alimento al estómago, sobre todo de aquéllos compuestos por proteínas o lípidos que no permitirán que el alcohol llegue tan rápido al intestino delgado, desde donde puede ser absorbido velozmente en torrente sanguíneo.

Algunas formas de alcohol son peores que otras. Por ejemplo, la cerveza tiene un alto contenido en maltosa, un hidrato de carbono que provoca un rápido aumento del azúcar en la sangre; por ese motivo es una bebida que debe evitarse. De modo similar, todas las bebidas para después de la cena y los licores, contienen un alto porcentaje de azúcar y deben evitarse.

Tal vez el vino sea la forma más aceptable en que se presenta el alcohol. Se ha demostrado que la tasa de muerte por ataques cardiacos es menor en los países donde se consume vino en forma habitual, como en Francia, Italia y España.

La verdad es que el alcohol bebido con moderación —sobre todo el vino tinto— ingerido después de proteínas o lípidos (como un trozo de carne o de queso), no será tan dañino como le han hecho creer y, por el contrario, traerá consigo el beneficio de retardar la aparición de la arterioesclerosis o de frenar su avance. Pese a ello, el consumo excesivo de alcohol suele causar efectos perjudiciales que superan con mucho cualquiera de sus posibles beneficios.

# 3

# Digestión
## y metabolismo

La digestión y el metabolismo de los alimentos que comemos son la clave del éxito cuando se intenta mantener una buena nutrición y un peso corporal normal. Teniendo en cuenta que "somos lo que comemos", este capítulo es importante para la correcta comprensión de nuestro concepto de la dieta. Le brindará la explicación básica de esos procesos, de modo que usted pueda aprovechar al máximo sus ventajas en el logro de esos objetivos. Este libro ha sido escrito para un público amplio, en el que se incluyen los profesionales de la salud, por eso emplearemos ciertos términos técnicos de vez en cuando. Como ya hemos dicho, si tropezara usted con algún término que no comprende, le rogamos que lo busque en el Glosario para legos.

## Digestión

Se entiende por digestión todo el proceso, desde el momento en que se come el alimento hasta que por fin es absorbido por las células intestinales y enviado al hígado, para su metabolización. El aspecto más importante de la digestión es la descomposición de las proteínas, las grasas y los hidratos de carbono en unidades cada vez más pequeñas que luego puedan pasar a la corriente sanguínea y linfática para que el organismo las utilice de diversas maneras.

Antes de que todo eso pueda tener lugar, la primera parte del proceso digestivo es la mezcla y el batido (de manera bastante similar a la de una mezcladora de hormigón) que sucede en el estómago. Esto permite que el alimento se ablande y se mezcle con algunos fluidos y sea sometido a las fases iniciales de la digestión. Esta mezcla culmina cuando ese material evacua gradualmente el estómago, y pasa al intestino delgado. Los líquidos dejan el estómago con bastante rapidez, en unos minutos, pero los sólidos tardan mucho más. El tiempo que tarda el estómago en librarse de la mitad de su contenido en sólidos oscila entre los 30 y los 60 minutos.

Las partículas sólidas más pequeñas desocupan antes que las más grandes, de manera muy ordenada, siguiendo determinada secuencia. Los últimos sólidos en abandonar el estómago son las fibras, o sólidos indigeribles, como los que se encuentran en las verduras de hoja. Cuando su madre le aconsejaba: "Mastica bien la comida", su instinto la llevaba a decirle lo correcto, porque cuanto más pequeñas sean las partículas, más rápidamente se vaciará su estómago y, tal vez así logrará evitar esa incómoda sensación de tenerlo repleto, o incluso una indigestión.

Muchos factores externos pueden demorar la evacuación del estómago, entre ellos, el tipo de alimentos ingeridos. Una comida con un alto contenido de grasas puede demorar en gran medida el vaciamiento del estómago, así como beber importantes cantidades de alcohol antes de comer o durante la comida. Entonces, la lenta o demorada evacuación del estómago es capaz de provocar el reflujo de su contenido que, a esa altura, será muy ácido, hacia la parte inferior del esófago, trayendo como consecuencia acidez, molestias en el pecho, sensación de hartura, y aun náuseas y vómitos. ¡Muchos de nosotros recordamos esta clase de problemas después de una velada en la que cenamos y bebimos, y nos acostamos con el estómago repleto!

A medida que esta mezcla estomacal se vacía en el intestino delgado, comienza de lleno la descomposición de los alimentos para que nuestro organismo pueda absorberlos. En la primera parte del intestino delgado, llamada duodeno, la bilis de la vesícula y las enzimas del páncreas se mezclan con el contenido del estómago y aceleran la fragmentación de los diversos alimentos, reduciéndolos a unidades cada vez más minúsculas. Esta mezcla sigue bajando por el intestino delgado, donde las células que lo tapizan son las que realizan la absorción propiamente dicha.

Es importante señalar que la mezcla de ciertos alimentos puede tener tremendas consecuencias más adelante, cuando estas diminutas unidades sean absorbidas. Por ejemplo, comer alimentos que contengan una discreta cantidad de fibras insolubles puede afectar la velocidad de la digestión y la absorción de hidratos de carbono, teniendo como consecuencia una estimulación mucho menor de la producción de insulina que si se hubiesen comido aisladamente. Por supuesto, esto será bueno para el organismo.

Las frutas que se ingieren por separado también son digeridas y absorbidas a un ritmo mejor que cuando son comidas junto con otros hidratos de carbono y grasas. El efecto perjudicial que puede tener sobre la digestión de otros alimentos el hecho de comerlas en momentos inoportunos es abordado en el Capítulo 10.

### Metabolismo

Fundamentalmente, metabolizar significa "cambiar"; comprende la mayoría de los procesos que transforman los nutrientes de la comida en sustancias químicas que nuestro cuerpo puede utilizar. No cabe duda de que todo el proceso es muy complejo. Con frecuencia, la velocidad del metabolismo varía de una persona a otra. Esto significa que el aumento o la pérdida de peso en dos personas que siguen idéntica dieta puede cambiar de manera ostensible.

Si bien el proceso es complejo, usted debe saber que el hígado desempeña un papel central en el metabolismo de los alimentos, entre ellos, el alcohol, y en el de la mayoría de los medicamentos. De modo que es fácil advertir la importancia de ese órgano en nuestro bienestar alimenticio; es conveniente cuidarlo mucho porque la ciencia médica aún no puede duplicar sus funciones. Cuando el hígado se deteriora, es: "¡Adiós, amigo!". *

Hablemos ahora del tipo de alimento que metaboliza nuestro cuerpo para su uso. Todo lo que comemos es: hidratos de carbono, que se descomponen en azúcar simple, 80 por ciento glucosa y el resto; fructosa o lactosa, según hayamos ingerido frutas o productos lácteos; proteínas, que se descomponen en aminoácidos; grasas, que se dividen en triglicéridos; y fibras, que están constituidas por celulosa y no pueden descomponerse. De estas cuatro sustancias, sólo tres son absorbidas por nuestro tracto digestivo: azúcares, aminoácidos y triglicéridos.

### Hidratos de carbono

Pueden encontrarse hidratos de carbono tanto en alimentos de origen vegetal como en los de origen animal. La inmensa mayoría de los hidratos de carbono que comemos se presentan en forma de azúcares y almidones. Los hidratos de carbono pueden clasificarse en azúcares simples o azúcares más complejos, como el almidón.

Todos los hidratos de carbono absorbidos por el organismo son, en un momento dado, convertidos en glucosa. Éste es el principal combustible del cuerpo, de manera muy similar a la gasolina que se echa en el depósito del coche. La glucosa se usa inmediatamente para proveer energía o para ser almacenada en forma de glucógeno en el hígado y en los músculos; está destinada a

---

\*     En castellano en el original. *(N. de la T.)*

una utilización futura. En consecuencia, toda glucosa excedente es almacenada en forma de grasa.

Para entender el metabolismo de los hidratos de carbono y cómo se relaciona éste con nuestras recomendaciones de una buena alimentación y descenso de peso, es muy importante pensar en el pico o aumento de glucosa que pueden causar cuando son ingeridos. De manera más sencilla, esto se puede denominar potencial glucémico; varía de acuerdo con los diferentes tipos de hidratos de carbono y, en términos más científicos, puede definirse como índice glucémico. En el gráfico del índice glucémico, de la Figura 3 (p. 59) se ve la zona debajo de la curva, que representa el aumento del azúcar en la sangre durante un período de tiempo determinado. Se ha asignado a la glucosa un valor relativo de 100 como índice glucémico, y el valor de otros hidratos de carbono están relacionados con este nivel. ¡En realidad, hay sustancias que tienen un potencial glucémico más alto que la glucosa! Más adelante, veremos de manera más exhaustiva la importancia del potencial glucémico de un hidrato de carbono.

Cuando desciende el nivel de glucosa en la sangre por debajo de lo que debería, el glucógeno, que es la forma en que el cuerpo almacena la glucosa, se descompone en glucosa y pasa a aumentar el nivel de ésta y a mantener el nivel normal de azúcar en la sangre.

Al contrario de lo que sostienen las creencias más comunes, los hidratos de carbono, como los almidones, que tienen una estructura más compleja, pueden ser digeridos y absorbidos casi tan rápido como el más simple de los hidratos de carbono, que es el azúcar de mesa. Cuando se ingiere un hidrato de carbono, se produce un aumento del nivel de glucosa en la sangre, según el tipo y la cantidad de éste que se haya ingerido (por ejemplo, será más alto para el azúcar, más bajo para la fruta fresca). A este aumento del azúcar en la sangre (glucosa) le sigue la liberación de insulina, que provoca una caída en el nivel primario de glucosa, que es arrastrada hacia las células del organismo donde podrá ser utilizada inmediatamente como combustible o almacenada, sobre todo en forma de grasa. Después, el nivel de glucosa recupera su línea de base.

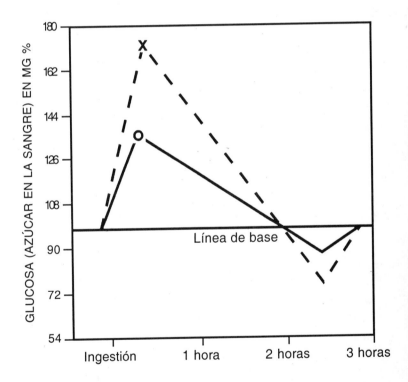

FIGURA 3

GRÁFICO DEL ÍNDICE GLUCÉMICO.

X = Hidrato de carbono de alto contenido glucémico.
O = Hidrato de carbono de bajo contenido glucémico.

### Proteínas

Las proteínas, a las que encontramos en las carnes, las nueces, los lácteos y en algunos vegetales, están constituidos por unidades llamadas aminoácidos. Estos aminoácidos son liberados de la proteína gracias a la acción de las enzimas que segrega el páncreas. Sin estas enzimas, las moléculas de proteína no podrían ser absorbidas, pues son demasiado grandes y complejas para pasar a la corriente sanguínea. Por fortuna, en aquellos casos en que falta la proteína pancreática, puede suministrarse en forma de cápsulas que se ingieren durante las comidas; ayudan al proceso de la digestión.

Un adulto promedio debería consumir, *por lo menos*, un gramo de proteína diario por cada kilo de peso, lo que equivale de 55 a 70 gramos para el hombre o la mujer promedio.

Como las proteínas se encuentran tanto en alimentos de origen animal como vegetal, y ninguna de esas dos fuentes suministra todos los aminoácidos que el organismo necesita, es preciso que una dieta sea equilibrada y los contenga de ambas clases.

Cuando las proteínas han sido descompuestas en aminoácidos, el intestino puede absorberlas y el hígado, metabolizarlas. A continuación, en general, los aminoácidos podrán ser usados por el cuerpo como los ladrillos básicos de todas las proteínas, a partir de las cuales construye todas las células, las hormonas y los neurotransmisores (sustancias que transmiten señales en el sistema nervioso), o el hígado los convertirá en glucosa o azúcar a través de un proceso llamado *gluconeogénesis*, que es la fabricación de glucosa a partir de alimentos carentes de hidratos de carbono, como las proteínas. La capacidad del cuerpo para manufacturar su propia glucosa es importante para la provisión de las necesidades normales de energía durante los períodos de escaso consumo de hidratos de carbono, pues la glucosa es la principal fuente de combustible del cuerpo para satisfacer aquellas necesidades.

### Grasas

Las grasas o lípidos son moléculas complejas compuestas de ácidos grasos; pueden ser de origen animal o vegetal. Las grasas deben ser digeridas por medio de la acción de enzimas pancreáticas llamadas lipasas; de lo contrario, no pueden ser absorbidas en el organismo en ninguna cantidad, y se evacuan con las heces. Incluso, cuando las grasas están descompuestas en subunidades, buena parte de ellas siguen siendo insolubles en agua y exigen un proceso especial para ser absorbidas. La bilis proveniente del hígado, que se acumula en la vesícula biliar, desempeña un papel muy importante en esta absorción de las grasas, pues las emulsiona o disuelve. Es algo similar a utilizar un jabón o un detergente cualquiera para ayudar a disolver una sustancia aceitosa. Sin este proceso, las subunidades de grasa serían demasiado grandes para pasar del intestino a la corriente sanguínea.

Ciertas personas, que carecen de enzimas pancreáticas, deben tomar enzimas con su comida. Las grasas son absorbidas por el tracto intestinal como gliceroles y, estando aún en la pared intestinal, son reconstituidos como triglicéridos que entran en el sistema linfático donde pueden ser aprovechadas por todas las células del cuerpo.

Las células utilizan la grasa como combustible para la producción de energía, como importante componente de su estructura y como fuente de muchas de las sustancias esenciales que estas células fabrican. Una de las funciones importantes de la grasa —en la que a nadie le gusta pensar— es la de suministrar aislamiento térmico, formando una capa debajo de la piel. Hay que puntualizar que debe ser una capa delgada; sin embargo casi siempre es fuente de constantes reestructuraciones, en los intentos del hombre y la mujer modernos por controlar su peso y su forma.

El colesterol no es lo que piensa la mayoría de las personas. Al contrario de la creencia común, el colesterol no es una grasa y no tiene nada que ver con las grasas saturadas. Es un compuesto que pertenece a una familia de sustancias denominadas *esteroles*. El colesterol puede combinarse con la grasa que circula en la corriente sanguínea para ser distribuido por todas las células. Es una sustancia vital en la formación de esteroides, ácidos biliares, hormonas y otras sustancias.

Como es tan importante, el cuerpo debe asegurar a las células un suministro permanente de colesterol. Por lo tanto, no sólo lo toma de los alimentos sino que también lo fabrica, sobre todo en el hígado. ¡Este órgano puede fabricar suficiente colesterol para suplir las necesidades del organismo, aunque una persona no ingiriese nada de colesterol con la comida!

El colesterol fabricado por el hígado circula en forma de lipoproteínas para su distribución en las células. Es durante esta circulación por la corriente sanguínea cuando el colesterol puede depositarse en las paredes de las principales arterias, sobre todo en puntos de irritación, aspereza o pequeñas roturas en el recubrimiento de esas arterias. A este proceso se lo conoce como arterioesclerosis; es el que suele conducir a la aparición de la enfermedad coronaria y, en algunos casos, a hipertensión arterial (alta presión sanguínea).

Ahora, usted ya sabe cómo funciona su sistema digestivo y algunas cosas que contribuyen a su eficiencia o la obstaculizan. Hemos seguido mencionando y subrayando la importancia de la insulina. El capítulo siguiente está dedicado a ayudarle a comprender mejor la conexión de la insulina.

# 4

||||||||||||||||||||||||||||||||||||||||||||||||||||||||||||||||||||||||||||||||||||||||||||||||||||||||||||||||||||||

# Insulina

Usted podría preguntar: "¿Para qué querría saber más acerca de la insulina? No es más que otra de esas hormonas de ocho letras". Pero la insulina es el maestro, el conductor, el jefe. Es el ejecutivo principal del metabolismo. Es preciso que comprendamos la acción de la insulina para entender cómo funciona la dieta.

¿Está preparado para recibir más información técnica pero que, esperamos, sea interesante? Banting y Best descubrieron la insulina en 1921. Esta hormona es fabricada y segregada por las células beta del páncreas. El páncreas humano conserva unas 200 unidades de insulina. Las personas normales segregan entre 25 y 30 unidades de insulina por día. La insulina es como una escoba que barre la glucosa, los aminoácidos y los ácidos grasos libres hacia células en las que son almacenados para su uso posterior, la energía de reserva en forma de grasa y glucógeno.

En los individuos normales, los niveles de azúcar en la sangre no varían mucho, gracias a las acciones compensadoras y armonizadoras de la insulina y el glucagón. La insulina es la única hormona que puede impedir que el azúcar (glucosa) suba hasta niveles peligrosos. El glucagón, también segregado por el páncreas, es la hormona del ayuno (o la inanición). Su papel principal en los humanos es, al parecer, el de prevenir la hipoglucemia (baja la cantidad tanto de la glucosa como del azúcar en la sangre), provocando la descomposición normal del glucógeno en el hígado en forma de glucosa. También provoca gluconeogénesis, que es la transformación de proteínas musculares en azúcar en la sangre.

La gluconeogénesis puede aparecer en períodos de ayuno o de exceso de ejercicios. Durante las primeras 24 horas de ayuno, es utilizado el glucógeno presente en el hígado; luego el cuerpo comenzará a usar las proteínas musculares. La hipoglucemia, el ayuno y también la ingestión de alimentos ricos en proteínas estimulan la secreción de glucagón.

Los individuos pueden sobrevivir sin glucagón, como en aquellos casos de ablación del páncreas, que es la única fuente conocida de glucagón y de insulina. La persona necesita insulina para sobrevivir; esto se puede lograr por medio de inyecciones de esa sustancia. Por supuesto que la extracción del páncreas provocará diabetes y frecuentes y amplias oscilaciones de los niveles de azúcar en la sangre. La insulina que se suministra por medio de inyecciones no es tan eficiente como el páncreas en la provisión permanente de la cantidad exacta.

Cuando una persona ingiere hidratos de carbono, las enzimas digestivas descomponen el alimento. En los intestinos, la sangre ha absorbido estas sustancias alimenticias simplificadas y tiene ahora un elevado nivel de glucosa. Esto estimula la liberación de insulina. Como hemos visto antes, la insulina promueve el almacenamiento de grasa. Cuando el azúcar en la sangre baja demasiado, comienza la secreción de glucagón, que moviliza la grasa acumulada convirtiéndola en glucosa; esto, a su vez, vuelve el nivel de azúcar en la sangre a su nivel normal.

La glucosa es el principal estímulo para la secreción de insulina. La fructosa, un azúcar de la fruta, y los aminoácidos (proteínas) de las carnes, provocan una importante liberación de insulina sólo en el caso de que el nivel de azúcar en la sangre ya sea elevado. Es probable que la persona con sobrepeso sufra un incremento de la producción de insulina por la excesiva estimulación del páncreas que provoca el exceso de comida y el desarrollo de una predisposición a la resistencia a la insulina, que también puede ser de origen genético.

Por lo tanto, el aumento del nivel de insulina promueve el almacenamiento de azúcar en forma de glucógeno, tanto en el hígado como en los músculos. Después de la ingestión de proteínas y grasas, la insulina estimula el almacenamiento de proteínas en los músculos y de grasa en las células grasas, en forma de triglicéridos. Además, la insulina impide la descomposición del glucógeno y de los triglicéridos (grasa). No es de extrañar que sea difícil bajar de peso cuando hay elevados niveles de insulina.

La literatura científica registra que incluso los niveles bajos de insulina en circulación inhiben la descomposición de la grasa (Kahn y Weir, 1994). Los procesos metabólicos relacionados con la insulina son extremadamente sensibles en lo relacionado con el almacenamiento de grasa y la inhibición de su descomposición para ser utilizada por el cuerpo.

La insulina activa aún más una enzima, la lipasa lipoproteína (las enzimas son proteínas que aceleran las acciones metabólicas), que impulsa la extracción de los triglicéridos de la corriente sanguínea y su deposición en las células grasas. Además, inhibe la lipasa sensible a las hormonas (otra enzima) que descompone las grasas almacenadas. El resultado concreto de estas dos actividades es el aumento de la grasa almacenada, con el consiguiente aumento de peso y de contorno abdominal.

Otra cosa que se suma a la grasa almacenada es la conversión de parte del azúcar presente en la sangre. Un porcentaje de ese azúcar en la sangre es recogida por las células grasas y, bajo la influencia de nuestra vieja amiga, la insulina, es convertida en más grasa. Para nuestros lectores científicos, esto significa glicerol trifosfato y ácidos grasos libres. La insulina es uno de los principales frenos para la descomposición de la grasa y de los mayores estimulantes del almacenamiento de grasa.

La resistencia a la insulina es un estado en el cual la reacción a la insulina en las células grasas, las del hígado y las musculares ha disminuido pues se han vuelto insensibles a los niveles normales de insulina en circulación. Por lo general, una pequeña dosis de insulina hace descender el nivel de azúcar en la sangre. En cambio, en el individuo resistente a la insulina esto no ocurre, y se hace necesaria mayor cantidad de dicha hormona para lograrlo.

La obesidad es la consecuencia más común de la resistencia a la insulina. Otra consecuencia frecuente de este problema es la diabetes de Tipo II (diabetes no dependiente de la insulina). En la mayoría de los diabéticos del Tipo II existen niveles altos de insulina y azúcar en circulación, como también de colesterol en la sangre.

Los obesos suelen tener elevados niveles de insulina, incluso con niveles normales de azúcar en la sangre. Por desgracia, es prácticamente inevitable que el obeso con alta insulina desarrolle diabetes. Lo más probable es que el páncreas se fatigue por la estimulación constante con glucosa (azúcar) y finalmente falle, dando lugar a la diabetes. A ésta nos referiremos de manera específica en el Capítulo 5.

La insulina propicia el almacenamiento de todos los grupos alimenticios: glucosa (hidratos de carbono), aminoácidos (proteínas) y triglicéridos (grasas). Estos alimentos almacenados están disponibles para ser usados como fuentes de energía en un período de ayuno o, sencillamente, entre comidas. El descenso de los niveles de insulina durante el ayuno permite la descomposición de la grasa y el azúcar almacenados (glucógeno). Las grasas y el glucógeno son usados luego como fuentes de energía entre comidas.

Como hemos mencionado, las personas obesas tienen niveles altos de insulina tanto en períodos de ayuno como de ingestión de comida. En los obesos, también son altos los niveles de lipoproteína lipasa. Esta enzima es importante en el almacenamiento de grasa. Ahora puede comprender por qué el metabolismo de los individuos obesos los predispone a almacenar cualquier cosa que coman, en todo momento.

Una vez más, no es extraño que al obeso con alto nivel de insulina le cueste tanto bajar de peso. Pero, pensemos en los beneficios para esta persona de una dieta que exija muy poca presencia de insulina en el organismo. Estamos acercándonos a la respuesta de la pregunta que hicimos antes: ¿cómo bajar de peso y mejorar, al mismo tiempo, la composición de nuestra sangre?

El síndrome X, descrito por el Dr. G.M. Reaven, es una combinación de dos o más de las siguientes condiciones: resistencia a la insulina con su consecuencia de elevados niveles de aquélla, elevada proporción de lípidos (sobre todo, triglicéridos), obesidad, enfermedad coronaria e hipertensión. Tal vez, la resistencia a la insulina sea la parte más importante de este síndrome porque, de hecho, suele causar la aparición de los otros problemas. Un número considerable de pacientes con síndrome X manifiestan enfermedad coronaria y sufren un número mayor de ataques cardiacos fatales (O'Keefe, Lanier y McCallister, 1995).

¿Qué le parecen unas buenas noticias? El 50 por ciento de la resistencia a la insulina, o más, puede reducirse o incluso revertirse, pues ese problema no depende de genes heredados. ¿Cómo podemos disminuir los niveles de insulina o reducir la resistencia a ésta? ¡Tiene razón! ¡Con el modo de comer que propone *La dieta antiazúcar*. En primer lugar, tenemos que ingerir menos de aquellos hidratos de carbono particularmente estimulantes de la insulina. Esto ayuda a perder peso y, si a ello se suma el ejercicio y el abandono del tabaco se tendrán en la mano más elementos preventivos, no médicos, aptos para reducir la circulación de insulina. En consecuencia, al bajar los niveles de insulina y disminuir la resistencia a ésta, descenderá la incidencia de la obesidad y, probablemente, el avance de la enfermedad cardiaca.

Muchas personas con enfermedades coronarias tienen complexiones similares. Tienen más gordura en el abdomen, tienen "panzas de cerveza", y son más delgados en caderas y nalgas. A esta clase de obesidad se la denomina central (forma de manzana). Los individuos diabéticos y resistentes a la insulina también tienen forma de manzana, a diferencia de la forma de pera, en la que la gordura se acumula en caderas y nalgas.

En 1992, el Dr. Wolever y sus colaboradores estudiaron los beneficios de una dieta con bajo índice glucémico para tratar el sobrepeso de los diabéticos no insulinodependientes. Se encontraron con un descenso del siete por ciento del colesterol después de sólo seis semanas. El Dr. Jenkins (1987), estudió una dieta hipoglucémica (baja en azúcar) con la que se alimentó a varones normales. Después de dos semanas, el colesterol de los hombres descendió un 15 por ciento de promedio, ¡y la secreción de insulina cayó un asombroso 32 por ciento!

Por lo general, después de ingerir entre 50 y 100 gramos de glucosa durante una comida con elevada proporción de azúcar, los niveles de insulina se vuelven muy altos, y suelen permanecer así varias horas.

Ingerir tres veces al día, y antes de acostarse, comidas con alto contenido de hidratos de carbono (hiperglucémicas) puede provocar un ascenso de la insulina durante un período de 18 a 24 horas. El páncreas necesita descanso, lo mismo que las células grasas. Imagine la insulina metiendo grasa en las células durante 18 horas cada día. Sólo quedarían unas pocas horas cada día para la fragmentación y eliminación de la grasa. El resto del tiempo, la grasa tendería a acumularse; ¡usted sabe muy bien en qué acabaría esto y adónde iría a parar esa grasa!

La comprensión de la insulina y del metabolismo nos permitirá seguir una dieta saludable. Como ya hemos dicho, no todos los hidratos de carbono son iguales en cuanto a su capacidad para estimular la liberación de insulina. A los que estimulan el aumento de la secreción insulínica se los denomina hidratos de carbono hiperglucémicos. Al contrario, los hidratos de carbono hipoglucémicos son los que no estimulan tanta secreción insulínica.

Dado que hemos aprendido que es necesario eludir los hidratos de carbono con altos índices glucémicos, ahora le brindaremos más información acerca de este índice. En 1981, el Dr. David Jenkins publicó un artículo acerca de los índices glucémicos de los alimentos en el *American Journal of Clinical Nutrition*. Desde entonces, él y otros han realizado muchas mediciones más de índices glucémicos de ciertos hidratos de carbono. La Figura 4 (pp. 73 a 79) presenta una lista de los índices glucémicos de muchos de los hidratos de carbono que más consumimos.

Figura 4
ÍNDICE GLUCÉMICO

(Compilado de múltiples estudios glucémicos. Algunas cifras han sido redondeadas.)

### GRANOS, PANES Y CEREALES

Es muy difícil encontrar cereales para el desayuno que no contengan el agregado de uno o más azúcares. Lea con atención las etiquetas y adopte aquéllos que tengan muy poco o nada de azúcar añadido, el mayor contenido de fibras o salvado y el menor procesamiento del grano. Además, evite los preparados con maíz.

Con respecto a las pastas, las mejores serán las preparadas con cereales integrales molidos en molino de piedra. La segunda preferencia será la pasta de trigo molido de manera artesanal.

| Alto | |
|---|---|
| Pan blanco | 95 |
| Pan francés | 95 |
| Arroz precocido | 90 |
| Pretzels blancas | 85 |
| Galletas de arroz | 80 |
| Copos de arroz | 80 |
| Maíz | 75 |
| Hojuelas de maíz | 75 |
| Galletas de Graham | 75 |
| Galletas comunes | 75 |
| Rosca blanca | 75 |

| | |
|---|---|
| Cereales surtidos | 75 |
| Bollos blancos | 75 |
| Trigo inflado | 75 |
| Maíz/copos de maíz | 70-75 |
| Croissant/media luna | 70 |
| Harina de maíz | 70 |
| Arroz blanco | 70 |
| Formas para tacos | 70 |
| Crema de trigo | 70 |
| Trigo molido, | |
| Harina blanca | 70 |
| Tostadas Melba | 70 |
| Mijo | 70 |
| Pepitas de uva | 65 |
| Bizcochos de trigo integral | 65 |
| Cereales mixtos | 65 |
| Galletas de trigo | 65 |
| Pasta común | 65 |
| Cuscús | 60 |
| Arroz basmati | 60 |
| Spaghetti blancos | 60 |

## Moderado

| | |
|---|---|
| Pan pita común | 55 |
| Levadura de centeno | 55 |
| Arroz silvestre | 55 |
| Arroz moreno | 55 |
| Avena | 55 |
| Cereal de arroz | 55 |
| Muesli, sin azúcar | 55 |
| Pan de centeno integral | 50 |

Pan de trigo bulgor triturado 50

| | |
|---|---|
| Pan con alto porcentaje de trigo triturado | 50 |
| Arroz integral | 50 |
| Pan de avena y salvado | 50 |
| Pastel/torta | 45 |
| Pan pita, molido artesanal | 45 |
| Trigo en grano | 45 |
| Grano de cebada | 45 |
| Pasta de cereal integral | 45 |
| *All Bran* sin azúcar | 45 |
| Spaghetti de harina integral | 40 |

## Bajo

| | |
|---|---|
| Centeno en grano | 35 |

## Vegetales

La mayoría de los vegetales aportan gran cantidad del "azúcar de hidratos de carbono" natural que, sin duda, debemos incluir en nuestra dieta diaria. Pero algunos de ellos estimulan una excesiva secreción insulínica y deben evitarse. En la Figura 10 (pp. 125 a 128) encontrará una lista más completa de vegetales aceptables.

## Alto

| | |
|---|---|
| Patatas al horno | 95 |
| Chirivías | 95 |

| | |
|---|---|
| Zanahorias | 85 |
| Patatas fritas | 80 |
| Remolachas | 75 |

### MODERADO

| | |
|---|---|
| Boniato/batata | 55 |
| Ñame | 50 |
| Guisantes/arvejas/chícharos | 45 |
| Judías pintas | 40 |

### BAJO

| | |
|---|---|
| Judías secas/porotos/ frijoles, lentejas | 30 - 40 |
| Judías moteadas | 40 |
| Habas verdes | 40 |
| Garbanzos | 35 |
| Judías de media luna | 30 |
| Judías negras | 30 |
| Judías de manteca | 30 |
| Frijol colorado | 30 |
| Soja | 15 |
| Vegetales verdes (Figura 10, pp. 125 a 128) | 0 - 15 |

### FRUTAS

La fruta es una gran fuente de azúcar porque, por lo general, tiene un efecto entre moderado y bajo de estímulo a la secreción de insulina; además provee las vitaminas necesarias para la buena salud. Aun así, como hemos explicado, nuestro sistema digestivo procesa mejor la fruta si es consumida sola. Si bien no hemos hecho una lista individual, los zumos de fruta suelen tener un índice glucémico un poco mayor que la fruta entera.

## Alto

| | |
|---|---|
| Melón | 70 |
| Piña/ananás | 65 |
| Pasas de uva | 65 |
| Plátano/banana maduro | 60 |

## Moderado

| | |
|---|---|
| Mango | 50 |
| Kiwi | 50 |
| Uva | 50 |
| Plátano/banana | 45 |
| Pera | 45 |
| Melocotón/durazno | 40 |
| Ciruela | 40 |
| Manzana | 40 |
| Naranja | 40 |

## Bajo

| | |
|---|---|
| Albaricoque/damasco/chabacano seco | 30 |
| Pomelo | 25 |

| | |
|---|---|
| Cereza | 25 |
| Tomate | 15 |
| Albaricoque fresco | 10 |

## Productos lácteos

Los lácteos también aportan muchas de las vitaminas necesarias para la buena salud. Aun más; excepto aquellos productos lácteos con agregado de azúcar, todos poseen un efecto estimulante de la insulina entre moderado y bajo. Pero, por favor, no se exceda en la cantidad de grasa consumida gracias a los lácteos.

### Alto

Crema helada primera calidad 60

### Moderado

| | |
|---|---|
| Yogur con fruta agregada | 35 |
| Leche entera | >30 |
| Leche desnatada/descremada | <30 |
| Yogur sin agregados, sin azúcar | 15 |

## Miscelánea

### Alto

| | |
|---|---|
| Maltosa (como la de la cerveza) | 105 |
| Glucosa | 100 |

| Pretzels | 80 |
| Miel | 75 |
| Azúcar refinado | 75 |
| Palomitas/pochoclo | 55 |

┌──────── BAJO ────────┐

| Nueces | 15-30 |
| Cacahuete/Maní | 15 |

El índice glucémico es un método para clasificar los alimentos según sus efectos glucémicos o, dicho más sencillamente, por la capacidad de determinado alimento para elevar el nivel de azúcar en nuestra sangre. Al aumentar el nivel de azúcar en la sangre, también aumenta la demanda de insulina. Conocer el índice glucémico es la clave para entender el concepto dietético de *La dieta antiazúcar*. Lamentablemente, la información sobre este índice no aparece en las etiquetas en las que se detalla el contenido de un alimento. La forma en que consumimos los alimentos, por ejemplo, el grano entero comparado con la harina refinada, el tamaño de las partículas, la naturaleza biológica del almidón y el procesamiento de los alimentos, todo ello tiene un papel importante en las propiedades fisiológicas de dichos alimentos. Estas propiedades modifican el índice glucémico. En este capítulo hemos sintetizado nuestros descubrimientos acerca del índice glucémico de los alimentos más comunes. Si no aparece alguno, es porque no hemos podido encontrarlo.

Como se ha visto en la Figura 4 (pp. 73 a 79), el índice glucémico es una cifra relacionada con el área total que queda debajo de la curva; muestra el aumento de la glucosa (azúcar) en la sangre en un determinado lapso. Un hidrato de carbono de alto índice glucémico provoca un nivel mayor de azúcar en la sangre que la misma cantidad de uno de bajo índice glucémico. Por otra parte, consumir un hidrato de carbono de alto índice glucémico puede causar también una hipoglucemia, es decir, un nivel de azúcar en la sangre inferior al normal, por exceso de secreción insulínica. Esto se comenta en el Capítulo 6.

Cuanto más alto es el nivel de azúcar en la sangre, se necesita que el páncreas segregue más insulina para que utilice o quite la glucosa y haga regresar a la normalidad el nivel de azúcar. Estamos convencidos de que la insulinemia, o elevado nivel de insulina en la sangre, es perjudicial y que conduce a cambios metabólicos y otros problemas.

La literatura médica y nutricional comienza a presentar muchos informes en los cuales aparecen listas del índice glucémico referidos a varios tipos de hidratos de carbono, medidos tanto en adultos sanos como en diabéticos. Se da alimentos testigo a sujetos a los que, en otros días, se les da una cantidad determinada de glucosa o de pan blanco que se utiliza como estándar, para comparar los diversos alimentos. Luego se miden los niveles de azúcar en intervalos de tiempo específicos, más de dos horas después de la ingestión del alimento testigo, y los valores resultantes se distribuyen en un gráfico (Figura 3, p. 59). A continuación, el área que queda debajo de la curva de reacción glucémica a cada alimento se expresa como porcentaje de reacción obtenida a la glucosa o al pan blanco. Se promedian varias medidas de reacciones glucémicas al mismo alimento para obtener el índice glucémico de cada alimento testigo en particular.

El tamaño y la forma en que aparece un hidrato de carbono en la naturaleza nos parece un factor muy importante del índice glucémico. Los granos partidos producen un índice glucémico más bajo que la harina común que, a su vez, produce un índice glucémico más bajo que la harina más refinada (Figura 5, p. 82). Los bajos índices glucémicos se asocian a los granos integrales (Heator *et al.*, 1988). No es de extrañar que los granos enteros o partidos produzcan una respuesta insulínica más baja. Cuando se compara la avena integral, arrollada o molida fina (harina de avena), la integral es la que presenta el índice glucémico más bajo.

Mientras que el tamaño de las partículas modifica de manera significativa el índice glucémico, los datos demuestran que la forma del hidrato de carbono también contribuye a producir diferencias de dicho índice. Por ejemplo, cuando se cocinan, los almidones se gelatinizan. Las partículas o gránulos se hinchan por el calor y el agua que absorben durante la cocción. Esto trae como consecuencia la ruptura del grano, dejando expuestas las moléculas de almidón, y aumentando así la susceptibilidad de dicho almidón a la digestión enzimática. La consecuencia de esto es una absorción más rápida a través de las paredes del intestino delgado (Capítulo 3). Cuando un hidrato de carbono es absorbido rápidamente, estimula más producción de insulina que la misma cantidad, pero absorbida más lentamente. Las investigaciones médicas han demostrado que los productos de trigo procesado hacen que esos alimentos tengan un mayor índice glucémico. Todos los procesos modernos a que se somete a los alimentos como el inflado, la expulsión térmica, los intensos tratamientos mecánicos y el enlatado, los alteran de manera considerable. Por lo general, los productos de menor grado de procesamiento tienen los menores índices glucémicos. Entonces, cuanto más procesamiento haya sufrido un hidrato de carbono, como el arroz, el maíz o el trigo, tanto más alto será su índice glucémico.

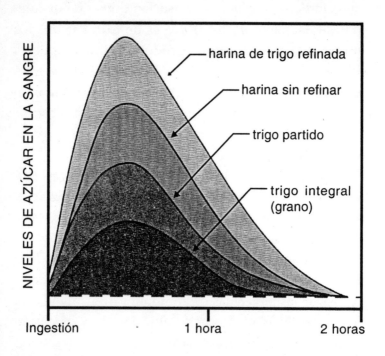

*Cuanto más grande es la partícula, tanto más bajo es el índice glucémico*

FIGURA 5

EFECTOS DEL PROCESAMIENTO DEL GRANO

Fuente: Reproducido con permiso de The GI Factor © 1996 Jennie Brand Miller, Kaye Foster-Powell, Stephen Colagiuri. Publicado por Hodder Headline Australia. Todos los derechos reservados.

Últimamente, hemos desarrollado una tabla más exhaustiva del índice glucémico para una variedad de alimentos que contienen hidratos de carbono; esperamos que sea útil para elegir alimentos y preparar comidas. La Figura 4 (pp. 73 a 79) muestra el índice glucémico de muchos hidratos de carbono y da información con respecto a la situación de cada alimento en las categorías de alto, moderado y bajo índice glucémico. Estas categorías ofrecen un modo simple y general de abordar el tema de la alimentación. Por desgracia, algunos alimentos no aparecen. En esas circunstancias, le recomendamos que intente comparar el elemento ausente de la lista con uno estrechamente relacionado y que utilice ese valor. Por ejemplo, el índice glucémico de la patata blanca debe de ser muy similar al de la patata de Idaho o la de Irlanda.

Es importante leer las etiquetas de todos los alimentos procesados o envasados. Casi todo el azúcar se agrega durante el envasado. Si un ingrediente como el azúcar o un derivado no está específicamente detallado y no aparece en la columna de los gramos, en ocasiones se puede calcular la cantidad recordando que los ingredientes están ordenados por su cantidad relativa (o así debería ser). Por ejemplo, si un derivado del azúcar como la maltodextrina está en primer o segundo lugar, no use ese producto, salvo en cantidades muy pequeñas.

## Granos, panes y cereales

Como ya hemos dicho, es importante leer las etiquetas de los panes, los cereales o las pastas para tener idea del tipo de grano y del grado de procesamiento utilizado en la preparación de esos alimentos. Si bien la expresión trigo integral suena bien, puede inducir a error. Puede aplicarse a panes fabricados con grano entero, lo cual es aceptable, pero también a panes hechos con harina muy refinada a la que, con frecuencia, se la llama de trigo entero pero que, probablemente, no haya retenido nada de la cáscara del grano. Los panes o cereales de grano entero tienen como ingrediente principal el cereal entero o partido. La denominación harina integral alude a un producto de grano que ha sido parcialmente procesado. Pero la harina integral es mejor que la molida fina o altamente refinada, a la que se ha despojado de casi toda su fibra. Recomendamos consumir los panes que más grano entero o semilla entera o partida tengan. Cuanto más alto sea el porcentaje, mejor. Para ello, lea las etiquetas de los panes. Sin embargo, en EE. UU. no es muy frecuente encontrar los porcentajes de grano indicados en las etiquetas.

Otro problema es el enriquecimiento, lo cual suele significar que el grano ha sido tan procesado que le han quitado hasta las vitaminas y los minerales; luego han sido reemplazados (enriquecido). A veces, en las etiquetas aparece toda la información necesaria; lamentablemente, en muchas ocasiones no la ponen. Si todo lo demás fracasara, recuerde lo que solía decir la abuela de uno de nuestros amigos: "¡Cuanto más blanco el pan, tanto más pronto será tu funeral!" En la Figura 4 (pp. 73 a 79) aparece la lista de los índices glucémicos de muchos de los hidratos de carbono que más consumimos.

# 5

|ıılıılıılıılıılıılıılıılıılıılıılıılıılıılıılıılıılıılıılıılıılıılıılıılıılıılıılıılıılıılıılıılıılıılıılıılıılıılıılıılıılıı|

# Por qué *La dieta antiazúcar* es buena para los diabéticos

Todos deberían leer este capítulo, no sólo los individuos diabéticos. Todos tenemos amigos o parientes con diabetes. Después de haber leído este libro, sobre todo este capítulo, usted podrá dar a esos diabéticos un consejo misterioso, que los impulsará a volver a visitar a sus médicos y comenzar a comer de un modo que reduzca sus niveles de azúcar en la sangre y, en consecuencia, su necesidad de insulina o de medicamentos orales.

Las dos categorías principales de diabetes son la insulinodependiente —o Tipo I— y la no insulinodependiente —o Tipo II—, si bien, a la larga, muchos diabéticos de este último tipo se vuelven dependientes de medicamentos administrados en forma oral o de inyecciones de insulina para controlar el azúcar en su sangre. Durante el embarazo, aparece un tipo de diabetes menos común llamada *diabetes de la gestación*; la comentaremos más adelante, en este mismo capítulo.

Más del 90 por ciento de los pacientes diabéticos sufren diabetes de Tipo II. Los del Tipo I, por lo general, son más jóvenes, más delgados y necesitan inyecciones de insulina. Los del Tipo II suelen ser mayores de edad (de más de 40 años), obesos, y en un comienzo pueden ser tratados sólo con dieta, o con dieta y medicación oral. La dieta sigue siendo el tratamiento más importante para todo tipo de diabetes. *La dieta antiazúcar* describe un modo de comer que es especialmente eficaz para cualquier tipo de diabético.

Sabemos de manera fehaciente que el modo de comer descrito en este libro es útil para los diabéticos. La respuesta de los que han seguido el estilo de vida de *La dieta antiazúcar* ha sobrepasado nuestras expectativas. Muchos diabéticos que estaban en el límite del Tipo II han logrado bajar su glucosa (azúcar) en la sangre hasta una cifra normal, es decir, de 90 a 110 miligramos por decilitro. Conocemos a algunos diabéticos de Tipo II, dependientes de la insulina, que han mejorado hasta un punto en que ya no necesitan inyecciones.

A continuación, daremos un ejemplo que muestra, de manera típica, lo que puede hacer este modo de comer en beneficio de un diabético en ciernes. Joe Canizaro, empresario y miembro destacado de la comunidad de Nueva Orleans relató hace poco su experiencia con *La dieta antiazúcar*. Joe dijo: "La semana pasada he hecho mi habitual examen físico anual y, al terminar todas las pruebas, mi médico dijo, 'Joe, ¿qué diablos has estado haciendo?' 'No lo sé, doctor, ¿qué es lo que me pasa?' El doctor dijo: '¡Nada! Durante seis años, he estado diciéndote que estabas en el límite de la diabetes, pero esta vez tu proporción de azúcar en la sangre es normal'. Joe dijo, "Bueno, doctor, estoy comiendo de una manera nueva, que aprendí en un libro llamado *La dieta antiazúca*r!".

Un buen ejemplo de éxito con un diabético de Tipo II que necesitaba medicación oral es el doctor John Crisp, decano de la Facultad de Ingeniería de la Universidad de Nueva Orleans. Al doctor Crisp le regalaron un ejemplar de este libro. El rector de la universidad, el doctor Gregory O'Brien, preocupado por la salud de John, fue el que se lo dio. Después de adoptar la manera de comer recomendada en *La dieta antiazúcar*, el Dr. Crisp descubrió que ya no necesitaba ninguna píldora y de que su calidad de vida había mejorado de manera notable.

Hablemos ahora de la experiencia de Jerry Crowder, ejecutivo retirado de Houston, Texas. Jerry, de 72 años, tenía sobrepeso y era diabético pleno. Recibió una copia de nuestro original un mes antes de que *La dieta antiazúcar* fuese publicado, porque sabíamos que era diabético y también sabíamos que nuestra manera de comer sería beneficiosa para él. 60 días después, uno de nuestros autores vio a Jerry y le preguntó lo habitual: "¿Cómo estás?". Jerry respondió que había bajado más de 13 kilos pero que lo que más le gustaba de nuestra dieta era que *¡no necesitaba* más insulina! Dijo que había estado recibiendo inyecciones de 28 unidades de Humulin N todas las mañanas, durante los últimos dos años y medio, pero que ya no las necesitaba. Según dijo, su médico le había dicho: "Jerry, cuando empezamos con las inyecciones de insulina, la glucosa en tu sangre era de 240 pero ahora es de sólo 128. Ahora eres un diabético límite; ya no necesitas esas inyecciones". Jerry dijo a nuestro autor que ya podía beber uno o dos vasos de vino por las noches sin que se elevase demasiado el azúcar en su sangre.

¡Éstas son historias de éxito! ¿Qué significa esto para Jerry y para todos los que, como él, pueden alcanzar resultados similares? Si un diabético (sobre todo cuando es resistente a la insulina) puede mantener el azúcar en su sangre cerca del nivel normal y comer de un modo que requiera muy escasa secreción insulínica, provocará una influencia beneficiosa en el proceso que causa el deterioro de su visión, de sus riñones, sus nervios y su sistema circulatorio. Los diabéticos pueden conseguirlo comiendo de una manera que no provoque la necesidad de grandes cantidades de insulina. Éste es uno de los mensajes principales que transmite este libro.

¿Por qué esta dieta es tan eficaz para los diabéticos? O el páncreas del diabético no fabrica la cantidad correcta de insulina o no responde a ésta de un modo eficiente. Con más frecuencia, se trata de la resistencia a la insulina. Esto significa que el cuerpo necesita más insulina que un no diabético que hubiese consumido la misma cantidad de comida para mantener el nivel de azúcar en la sangre en su nivel normal. Los diabéticos que sigan el modo de vida propuesto por este libro sufrirán menos riesgos de perder el control de lo que sucede con otras dietas para diabéticos que se han venido recomendando.

Con frecuencia, los diabéticos tienen dañados los riñones, los ojos, los nervios y el sistema cardiovascular. También puede suceder que esto traiga como consecuencia la disminución de la circulación y, a la larga, la pérdida de las extremidades. Las inyecciones de insulina suelen ser ineficaces, aunque están hechas para controlar la elevada glucosa en los diabéticos de Tipo II. La insulina inyectable se obtiene en proporciones predeterminadas que, a menudo, no coinciden con los requerimientos provocados por el consumo de diferentes cantidades de diversos alimentos. Un páncreas que funcionara bien en un organismo con una buena utilización de la insulina, la liberará a la corriente sanguínea en las cantidades exactas, en el momento preciso. Esta precisión aún no puede alcanzarse por medio de los dispositivos que dosifican "mecánicamente" la provisión de insulina. Por lo tanto, el diabético no debe comer de una manera que genere un alto requerimiento de insulina.

El daño más grave suelen sufrirlo los diabéticos cuyos niveles de azúcar permanecen más desequilibrados. Una dieta con escasos azúcares refinados y productos de granos procesados no causa un gran aumento de los azúcares en la sangre, de modo que no hay demasiado riesgo de daño orgánico.

La diabetes es una enfermedad bastante común. Todos los años se diagnostican más casos, y aumenta continuamente el porcentaje de la población que la sufre (Figura 6, p. 91). En 1900, menos del uno por ciento de la población norteamericana sufría diabetes. Se calcula que, hacia el año 2000, un mínimo del siete al ocho por ciento, o uno de cada 12 habitantes de Estados Unidos padecerán diabetes. La epidemia de esta enfermedad es un fenómeno que puede observarse en todo el mundo. El uso generalizado de azúcar refinado está difundido en todo el mundo. Más de 100 millones de personas en todos los países sufren diabetes, y ese número llegará a 250 millones hacia el 2015.

La aparición de la diabetes aumenta con la edad en todos los grupos; también con la obesidad (Figura 7, p. 92). Entre los indios pima, en el sudoeste de Estados Unidos, se da la más alta incidencia de diabetes del mundo (Knowles *et al.*, 1990). Como se menciona en el Capítulo 10, cuando el maíz híbrido de grano grande reemplazó a las tradicionales mazorcas fibrosas, de grano pequeño, ¡la proporción de diabetes se remontó al 50 por ciento! Los índices glucémicos de los alimentos tradicionales de los indios pima eran bajos en comparación con los hidratos de carbono muy refinados, hibridizados, y sus organismos no pudieron procesar de manera eficiente la mayor proporción de azúcar (Miller, 1996).

Una importante advertencia: si usted recibe insulina u otra medicación para diabéticos e inicia el modo de comer aquí recomendado, le aconsejamos que consulte a su médico porque, tal vez, no necesite su dosis regular de medicina. Es muy probable que ya no necesite tanta insulina y que, si es del tipo II, no la necesite en absoluto, siempre que siga escrupulosamente esta dieta.

¿Qué sucede con los diabéticos de Tipo I (juvenil), cuyos organismos no fabrican suficiente insulina? ¿Funciona esta dieta para ellos? ¡Sí, resulta! Si no hay un exceso de exigencia de insulina por el consumo de comidas ricas en hidratos de carbono refinados o procesados (azúcar), los diabéticos de este tipo no necesitarán tanta insulina adicional para mantener el nivel normal de glucosa sanguínea. Un diabético del Tipo I

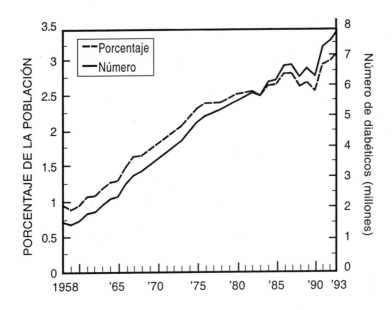

Figura 6
Incremento de la incidencia de diabetfᶜ diagnosti-
cada en Estados Unidos

Fuente: Reproducido con permiso de Diabetes 1996: Estadísticas vitales, 1996, American Diabetic Association, Inc.

necesitará cierta dosis de insulina; pero, tal como hemos afirmado, comer de esta manera provoca menores
requerimientos de insulina y sin duda es más saludable. Recuerde que, históricamente, nuestro cuerpo no
evolucionó consumiendo dietas que crearan una gran
necesidad de altas proporciones de insulina.

Antes hemos hablado de la diabetes de la gestación. Si bien es pasajera, indica una tendencia de la
madre al riesgo de contraer diabetes del Tipo II. Con el
tiempo, entre el 50 y el 70 por ciento de las diabéticas
en la gestación contraen diabetes de este tipo. Las que

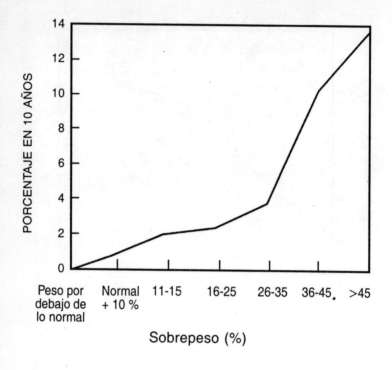

**FIGURA 7**

**POSIBILIDAD DE CONTRAER DIABETES EN UN TÉRMINO DE 10 AÑOS, RELACIONADO AL PORCENTAJE DE SOBREPESO EN EL EXAMEN INICIAL**

Fuente: Reproducido con permiso de Diabetes 1996: Estadísticas vitales, 1996, American Diabetic Association, Inc.

han sido obesas antes del embarazo o después, la contraen en proporciones más elevadas. Es importante tener en cuenta que las diabetes originadas por la gestación, y las que no son tratadas, pueden causar un impacto importante, tanto en la madre como en el feto. Todas las mujeres encintas deberían someterse a un control de esta clase de diabetes entre la vigésimo cuarta y la vigésimo octava semana del período de gestación.

Como ya hemos explicado, hace 500 años no existía el azúcar refinado, ni tampoco los vegetales híbridos, de gran tamaño y jugosos ni los cereales con menor cantidad de fibra y un índice glucémico más alto. Las harinas y los granos muy procesados, como el arroz blanco de la actualidad, no existían pues no se disponía de una tecnología capaz de llegar a una refinación tan completa y extracción de las fibras. Según las estadísticas del Departamento de Agricultura norteamericano (Figura 2, p. 37), los habitantes están consumiendo un promedio aproximado de 10 kilos de azúcar refinado por persona y año (¡esto representa 150 gramos por persona cada día!). Añádase a ello el consumo de grandes cantidades de hidratos de carbono hinchados, con baja proporción de fibra y de elevado índice glucémico y tendremos individuos con sobredosis de glucosa actuando sobre sistemas digestivos que no han sido diseñados para semejante régimen.

¿Acaso el consumo de azúcar (hidratos de carbono) causa diabetes o la agrava? Por cierto que la agrava; estadísticas recientes muestran que el excesivo consumo de azúcar causa diabetes, ya sea de manera directa o indirecta o, al menos, acelera la aparición de esa enfermedad, convirtiendo a tantas personas en obesas y/o resistentes a la insulina. Examinemos las estadísticas. La tasa de diabetes se ha triplicado, e incluso más, en Estados Unidos desde 1958; esto se relaciona estrechamente con el aumento del consumo de azúcar (Figura 2, p. 37). ¿Qué otra sustancia estamos consumiendo en cantidades significativamente diferentes de las de nuestros antepasados recientes? No grasa, por cierto; en realidad, el porcentaje de grasa consumido por persona desde finales de la década de los setenta ha *disminuido* del 40 al 33 por ciento y, aún más importante, el consumo actual en gramos por persona y día ha *bajado* de 85 a 73 gramos (un descenso del 16 por ciento). Sin embargo, la incidencia de la obesidad se ha duplicado desde finales de los setenta, ¡y las personas pesan entre cinco y cinco kilos y medio más que cuando consumían grandes cantidades de grasa!

Teniendo en cuenta que, hoy en día, un porcentaje más alto de personas contraen diabetes y son obesas, ¿puede asombrarnos que la tasa de diabetes se haya triplicado desde 1958? ¿Qué otro producto consumimos —como el azúcar— en una cantidad cada día mayor? ¿Las gaseosas? ¿El café? Bueno, es un hecho histórico que las bebidas gaseosas contienen grandes cantidades de azúcar; es así que el consumo medio de esas bebidas, en realidad, ha aumentado el de azúcar. Gracias a Dios, la mayoría de las bebidas son ahora dietéticas y no contienen azúcares refinados. ¿En verdad pensamos que el café causa diabetes y obesidad? No creemos que sea así. El café no constituye un problema, a menos que se le agreguen grandes cantidades de azúcar.

Ya que la tasa de obesidad en Estados Unidos, tanto en niños como en adultos, se ha duplicado desde la década de los sesenta (el mayor incremento se produjo desde 1980), y el consumo de azúcar ha crecido otro 20 por ciento desde 1980, ¿qué otra relación podría pedir alguien entre el consumo de azúcar y la causa del aumento de peso? ¿No es la respuesta a este tremendo crecimiento en las tasas de obesidad y diabetes tan obvio que desafía la lógica de cualquiera que no quiera verlo? ¿Cuánto más evidente podría ser la relación entre el consumo de azúcar, la obesidad y la diabetes?

Añádase a esto que la mencionada relación también tiene sentido en el aspecto fisiológico. La mayoría de los diabéticos eran gordos antes de enfermarse. El *Guyton's Medical Textbook of Phisiology* (1986), la "biblia" de los médicos en materia de fisiología, indica que la mayoría de los azúcares o hidratos de carbono se convierten en grasa una vez consumidos. Parte de la glucosa se convierte en glucógeno, de aplicación inmediata a las necesidades energéticas. La capacidad del cuerpo de almacenar glucógeno está limitada a unos pocos cientos de gramos. La glucosa que no se usa enseguida ni se convierte en glucógeno, se transforma en grasa. El cuerpo es capaz de almacenar *miles* de gramos de grasa. Ésta no es teoría nutricional sino un hecho fisiológico. ¡Es muy fácil ver cómo el azúcar se convierte en gordura en nosotros o en nuestros amigos!

Compare los hechos fisiológicos señalados en el *Guyton* con los que se describen en el *Textbook of Endocrinology* de Wilson y Foster, (1992; vea también la Figura 1 de este libro, p. 33), y las respuestas le resultarán muy evidentes. Son simples, directas y, más aún, lógicas. Son respuestas de sentido común, a diferencia de las afirmaciones de las dietas actuales. ¡Si no comiéramos tanto azúcar refinado e hidratos de carbono hiperglucémicos, la mayoría de nuestra población no tendría esos problemas!

Repetimos que los diabéticos, por tener alterados sus requerimientos de insulina, no deben adoptar súbitamente ninguna dieta sin asesoramiento médico. Por desgracia, las facultades de medicina norteamericanas no incluyen mucha formación en nutrición y dietética en su currículum. Por favor, haga que su médico lea este libro, lo critique, compare sus conclusiones con los datos concretos de los libros de medicina, ¡y verá si llega o no a una conclusión similar a la que ha llegado *La dieta antiazúcar*!

Los altos promedios de nivel de insulina promueven o aceleran la obesidad, la hipertensión y las enfermedades cardiacas; entonces, pregunte a su médico por qué tantos "expertos" en nutrición siguen recomendando una dieta rica en hidratos de carbono que aumenta los requerimientos insulínicos de nuestro cuerpo.

Las historias de éxito han sido estimulantes. Existe ayuda disponible, tanto para el que se está asomando a la diabetes como para el que padece la enfermedad en su pleno desarrollo. Predecimos con convicción que, a medida que se realicen más investigaciones, el modo general de comer que presentamos en este libro, más cercano al que aplicaban nuestros antepasados, llegará a reemplazar a las caprichosas dietas actuales.

# 6

|ₗₗₗₗ|ₗₗₗₗ|ₗₗₗₗ|ₗₗₗₗ|ₗₗₗₗ|ₗₗₗₗ|ₗₗₗₗ|ₗₗₗₗ|ₗₗₗₗ|ₗₗₗₗ|ₗₗₗₗ|ₗₗₗₗ|ₗₗₗₗ|ₗₗₗₗ|ₗₗₗₗ|ₗₗₗₗ|ₗₗₗₗ|

# Hipoglucemia

La hipoglucemia es un problema muy común en la población norteamericana. El término hipoglucemia se utiliza para indicar un nivel bajo de azúcar en la sangre, generalmente por debajo de 50 mg/dl, en los adultos. Un nivel inferior a los 40 mg/dl suele exigir atención médica. Una persona no tiene por qué ser diabética para sufrirla. Con frecuencia, la hipoglucemia es la causa del decaimiento en mitad del día que tantos hemos sentido unas horas después de comer. En la mayoría de los casos, hemos ingerido una comida rica en azúcar o en hidratos de carbono de alto índice glucémico que, en un principio, eleva la proporción de azúcar en nuestra sangre , asociándose con un pico de secreción de insulina (Figura 3, p. 59). Pero, cuando la insulina cumple su cometido y el azúcar de la sangre comienza a descender, suele ocurrir que lo hace por debajo de lo normal, dando como resultado poco azúcar en la sangre.

Los síntomas de la hipoglucemia varían entre el letargo y la ansiedad. A menudo, nuestra reacción consiste en sentir el deseo de comer algo, casi siempre otro hidrato de carbono hiperglucémico, que eleva el azúcar en nuestra sangre, haciéndonos sentir mejor durante un tiempo. En consecuencia, los niveles de azúcar en nuestra sangre y de insulina han fluctuado hacia arriba y hacia abajo de un modo bastante poco saludable, que podría haberse evitado comiendo adecuadamente.

Hay tres categorías de hipoglucemia: (1) iatrogénica, como en las condiciones provocadas quirúrgicamente, después de la manipulación del tracto gastrointestinal; (2) espontánea, como en estados provocados por tumores en el páncreas; y (3) reactiva, de la que ya hemos hablado y que es la más común, por lejos. La insulina y los agentes hipoglucémicos son los medicamentos más comunes causantes de hipoglucemia. No hay duda de que las personas con síntomas marcados de hipoglucemia deben consultar a su médico pra recibir consejo profesional competente. Sin embargo, en la mayoría de los casos, la hipoglucemia es sólo el resultado de la ingestión de una comida rica en hidratos de carbono hiperglucémicos. Siguiendo el estilo de vida de *La dieta antiazúcar* podrá evitar con frecuencia los síntomas que indican un descenso del nivel de azúcar en la sangre. Imagine cuánto mejor será su desempeño en el trabajo, e incluso en el juego.

||||||||||||||||||||||||||||||||||||||||||||||||||||||||||||||||||||||||||||||||||||||||||

# 7

# La dieta y el
## sistema cardiovascular

En general, las personas siguen determinada dieta por una o dos razones. Estas razones suelen ser el mejoramiento estético o de la salud cardiovascular. En lo que se refiere a la apariencia, hoy en día, tanto hombres como mujeres consideran más atractiva la esbeltez. La mayoría de nosotros hemos intentado, con o sin éxito, bajar un par de kilos de más antes de las vacaciones o de algún otro hecho de similar importancia. En los últimos tiempos, ha ido ganando terreno el aspecto relacionado con la dieta para mejorar la salud. A menudo, el sistema cardiovascular es el centro de esos esfuerzos. Por lo tanto, nos gustaría abundar un poco acerca de la importancia de dicho sistema y de la influencia de la dieta.

Las enfermedades del sistema cardiovascular —en especial el ataque cardiaco, la hipertensión y el derrame cerebral— son el enemigo público número uno, responsables de 12 millones de muertes anuales (EE. UU.). La enfermedad coronaria es la primera causa de muerte en los países industrializados y, en los próximos 10 años, la enfermedad de las coronarias y la apoplegía lo serán en los países en vías de desarrollo.

La enfermedad cardiaca, el derrame cerebral y, con frecuencia, la hipertensión, se deben al deterioro de las arterias en un proceso denominado *aterosclerosis*, *arteriosclerosis* o, sencillamente, endurecimiento de las arterias. Este proceso es un fenómeno natural del envejecimiento. A medida que envejecemos, también envejecen nuestras arterias. El suave revestimiento interior, llamado íntima, comienza a agrietarse cuando la capa muscular media, elástica, ya no puede recuperar completamente su forma después de que una onda del pulso ha expandido el conducto. En estas resquebrajaduras se acumulan plaquetas, fibrina, calcio, colesterol y grasa, formando un *ateroma* o *placa*.

Una tensión continuada sobre las paredes de la arteria, posteriores desgarros de la íntima (la capa más profunda), unidos a la turbulencia del flujo sanguíneo, todo ello hace que se deposite más material y que, en consecuencia, la arteria se estreche de manera manifiesta, reduciendo la irrigación en la correspondiente zona del organismo. Desde ahora, nos referiremos al proceso como enfermedad, pues su presencia ha instalado un problema.

Los médicos suelen escuchar la siguiente pregunta: "¿Cómo hago para no contraer arteriosclerosis?". La respuesta es fácil: no viva lo suficiente. Pero a la mayor parte de los pacientes no les agrada esta alternativa. Sin embargo, hay ciertos factores que predisponen a la arteriosclerosis precoz o temprana y, por consiguiente, a la enfermedad cardiovascular. Es importante tener conciencia de los factores de riesgo y prevenirlos convenientemente. A algunos de ellos podemos modificarlos, a otros, no. Pero el conocimiento que se extrae de esa conciencia suele ser muy útil, y nos ayuda a consolidar el buen estado o la salud cardiovasculares.

En principio, se creía que existían tres factores fundamentales en el desarrollo temprano o precoz de la arteriosclerosis: (1) colesterol alto; (2) hipertensión arterial; y (3), el tabaquismo. Pero ahora sabemos que hay muchos otros factores que influyen de modo significativo en este proceso. Entre ellos están los siguientes: herencia, diabetes, género, edad, obesidad, estilo de vida sedentario, hábitos alimenticios y consumo de azúcar (Figura 8, p. 102).

De todos los factores, el hereditario es el más importante. Los factores genéticos contribuyen a que un individuo sea más propenso o más resistente a la enfermedad cardiovascular. Por añadidura, la susceptibilidad y la reacción a los factores alimenticios son de origen genético. Para tener un control absoluto sobre los factores hereditarios, tendríamos que poder elegir a nuestros padres, ¡pero son pocas las personas que tienen esa posibilidad! Aquellos individuos con una fuerte historia familiar de enfermedad cardiovascular arteriosclerótica tendrán que prestar especial atención a los otros factores de riesgo y, en función de ellos, modificar su estilo de vida de modo de minimizar la influencia negativa sobre su organismo.

FIGURA 8

**FACTORES DE RIESGO DE LA ENFERMEDAD ARTERIOSCLERÓ-
TICA CARDIOVASCULAR**

| | |
|---|---|
| Hipertensión arterial* | Hereditarios |
| Azúcar* | Obesidad* |
| Colesterol alto* | Tabaquismo |
| Diabetes* | Triglicéridos altos* |
| Estrés* | Estilo de vida sedentario |

*Factores de riesgo sobre los cuales el estilo de vida de *La dieta antiazúcar* influye benéficamente.

Fumar es uno de los factores que tenemos la posibilidad de controlar. El uso del tabaco en todas sus formas estimula el desarrollo de arteriosclerosis por medio de diversos mecanismos. La nicotina del tabaco es un potente vasoconstrictor, que provoca una reducción del flujo sanguíneo, con lo cual sobrecarga la tarea del corazón. Los fumadores tienen escasa cantidad de antioxidantes en el plasma. Creemos que esto es lo que los hace más susceptibles a la formación temprana de placas en las paredes arteriales. Los efectos benéficos de operaciones realizadas con éxito para aliviar las complicaciones de la arteriosclerosis —como los *bypass* de la coronaria— se reducen, prácticamente, a la mitad en pacientes que siguen fumando.

Hace mucho ya que la diabetes *mellitus* se ha asociado con la arteriosclerosis fatal, temprana, difusa y, con frecuencia, prematura. Sin embargo, los diabéticos constituyen, aproximadamente, el 85 por ciento de los resistentes a la insulina. Estas personas necesitan niveles cada vez más altos de insulina en su plasma para lograr el mismo efecto en la regulación de la glucosa en la sangre. Al parecer, una elevada proporción de insulina en el plasma sanguíneo estimula los depósitos de grasa y el ablandamiento de los músculos de las paredes arteriales. Ambos procesos intervienen en la formación de placas. Además, es probable que el alto nivel de insulina incremente la coagulabilidad que, como es evidente, facilita la formación de coágulos y de oclusiones arteriales.

La alta presión sanguínea o *hipertensión* se clasifica como "intrínseca" en más del 90 por ciento de los casos. Esto significa que, en realidad, no conocemos su causa, pero sí que somete al corazón y al sistema arterial a un exceso de esfuerzo. La presión diastólica o mínima en la medición de la tensión arterial es la fuerza o resistencia a la que están sometidos el corazón y los vasos sanguíneos durante la fase de relajación del ciclo o latido cardiaco. Cuanto mayor sea el esfuerzo durante esta fase, tanto más se acelerará el envejecimiento o deterioro de las paredes arteriales. Como consecuencia de ello, habrá pérdida de tejido elástico, grietas y, como hemos visto, formación de placas. No cabe duda de que controlar la tensión arterial reduce el esfuerzo del sistema cardiovascular y promueve un tiempo de vida útil más prolongado.

La *hiperlipidemia* (aumento de grasa en la sangre), sobre todo la *hipercolesterolemia* (ascenso del colesterol) se relacionan con la arteriosclerosis temprana. El colesterol es un componente fundamental en la formación de la placa. También es fundamental para la función correcta de muchos procesos orgánicos, como la formación de esteroides y la síntesis de lipoproteínas (combinaciones de grasas y proteínas presentes en la sangre), ambos necesarios para actividades metabólicas de vital importancia. Los investigadores opinan que hay una relación entre el colesterol y la insulina, teniendo en cuenta que los diabéticos resistentes a ésta, aquéllos que tienen elevado nivel de insulina en el plasma sanguíneo, tienen niveles anormalmente altos de colesterol. El componente principal del colesterol en estos individuos es la lipoproteína de baja densidad (LDL), a la que se suele llamar colesterol "malo"; recuerde que la primera L de la sigla también significa *letal*. Algunos componentes del colesterol, como la fracción de lipoproteína de alta densidad (HDL), sobre todo el HDL-2 y el HDL-3, ejercen un efecto protector sobre el sistema cardiovascular; téngalo presente.

El género es otro factor en el desarrollo de la arteriosclerosis; en este aspecto, las mujeres tienen una ventaja, por lo menos hasta la menopausia. El estrógeno en las mujeres premenopáusicas disminuye los niveles de insulina en el plasma. Como hemos visto en el capítulo anterior, esto constituye una importante influencia para proteger al sistema cardiovascular y prevenir la aparición de arteriosclerosis. Después de la menopausia, la incidencia de la arteriosclerosis en las mujeres comienza a aproximarse a la registrada en los hombres.

La arteriosclerosis puede aparecer, aun en ausencia de todos los factores de riesgo; es el proceso natural de envejecimiento de nuestras arterias. La máxima expectativa de vida, desde el punto de vista teórico, es de unos 120 años. La línea divisoria entre la arteriosclerosis como proceso de envejecimiento y como enfermedad es muy fina. Por lo general, su presencia en los mayores es considerada normal; sólo se habla de ella como una enfermedad cuando surgen problemas relacionados con esa situación. Tenga la seguridad de que, si vive lo suficiente, desarrollará arteriosclerosis, pero... ¡piense en la otra alternativa!

Hace mucho que se vincula a la obesidad con la aparición precoz de problemas en el sistema cardiovascular. Comparando por franjas de edad poblaciones en las cuales la obesidad es baja, la expectativa de vida es mayor. Bastará comparar a Francia con Estados Unidos. Entre los 16 y los 50 años, los franceses tienen un 50 por ciento menos de obesidad y un 20 por ciento menos de problemas cardiovasculares y problemas de colesterol que sus coetáneos norteamericanos. El exceso de grasa corporal se deposita en todos los tejidos del organismo, incluyendo los del sistema cardiovascular. El exceso de peso expresado en kilos de más también genera un esfuerzo mayor para dicho sistema.

No cabe duda de que una forma de vida sedentaria o, dicho con más precisión, la falta de ejercicios no tiene una influencia positiva sobre nuestro sistema cardiovascular. Tal vez la inactividad no sea demasiado dañina, pero el ejercicio es beneficioso. Disminuye la tensión arterial, disminuye las sero-lipoproteínas, sobre todo los componentes del colesterol malo, reduce la obesidad, disminuye la resistencia a la insulina, aumentando la sensibilidad a esta hormona, hace descender los niveles basales de insulina, estimula la reabsorción de coágulos y reduce la tendencia a la formación de éstos. Sin embargo, el principal inconveniente de los programas de ejercicios es que las intenciones de las personas suelen exceder su realización concreta.

Cuanto más regular sea el ejercicio, tanto mayor será el beneficio cardiovascular, tomando como base cuatro veces por semana, de manera de elevar el ritmo de descanso del corazón al nivel prescrito de 20 minutos consecutivos. Para determinar nuestro ritmo cardiaco ideal tenemos que restar nuestra edad de 220, y multiplicar esa cifra por 0,70, o sea el 70 por ciento. Éste es el ritmo cardiaco que debería mantener durante 20 minutos, en un programa de ejercicios de cuatro sesiones semanales. Si usted decidiera hacerlo con mayor frecuencia y/o durante períodos más prolongados, podrá hacerlo, pero desde el punto de vista cardiovascular, practicar gimnasia cuatro veces por semana para elevar el ritmo cardiaco al nivel prescrito brinda el máximo beneficio. Una advertencia: si tiene más de 50 años, sufre factores de riesgo cardiaco o no está acostumbrado a la gimnasia, consulte con su médico antes de comenzar un programa de ejercicios.

El ejercicio es un valioso agregado al estilo de vida de *La dieta antiazúcar*. Ambas cosas contribuyen a disminuir los niveles de insulina, y ése es el objetivo que perseguimos para lograr vidas más prolongadas y saludables. Por lo tanto, la gimnasia ejerce una influencia positiva sobre muchos de los factores de riesgo que gobiernan la integridad de nuestro sistema cardiovascular.

"Somos lo que comemos", dice un viejo refrán que casi todos conocemos y que, en el presente, se hace cada vez más importante a medida que entendemos mejor el alcance global de la nutrición y sus efectos sobre nuestros diversos órganos, sobre todo el sistema cardiovascular. Tal vez lo que comamos ya no sea tan importante como lo que sucede con ello y qué efectos metabólicos produce, en última instancia.

A pesar de que las grasas y las carnes, sobre todo las rojas, han caído en desgracia, y los hidratos de carbono están "de moda", ¿se ha puesto alguien a pensar en qué sucede con el exceso de azúcar, que es el producto final del metabolismo de los hidratos de carbono? Nuestra sangre utiliza parte del azúcar para mantener en circulación un correcto nivel de glucosa; otra parte irá a reponer las reservas de glucógeno en el hígado y los músculos. ¿Qué sucede con el resto? Se convierte en *grasa* (Guyton, 1986). Sí, la mayor parte de la grasa de nuestro cuerpo proviene del azúcar ingerido, no de las grasas ingeridas. Es la hormona llamada insulina la que facilita esta transformación.

Por añadidura, la insulina tiende a bloquear la lipólisis, que es la conversión de la grasa otra vez en glucógeno. En consecuencia, los individuos con altos niveles de insulina tienen más dificultades en quemar grasas para aprovecharlas como energía. Dicho con sencillez: ¡tienen dificultades en bajar de peso!

Ahora se reconoce que el azúcar dietético es un factor independiente de riesgo de las enfermedades cardiovasculares. Esto se debe al efecto del azúcar sobre la secreción de insulina. En la actualidad, se sabe que la insulina es aterogénica, o sea, que provoca el desarrollo de placas arterioscleróticas en las paredes de los vasos sanguíneos o sobre ellas. Además, hoy se sabe que la insulina causa agrandamiento cardiaco, más específicamente, la hipertrofia del ventrículo izquierdo. Este ventrículo es la principal cámara de bombeo del corazón, involucrado en el 99 por ciento de los ataques cardiacos.

La insulina desempeña un papel muy importante, ejerciendo influencia sobre muchos de los otros factores que hemos estado mencionando. Un aumento de la proporción de insulina también promueve la acumulación de grasa y el ablandamiento de las células de la musculatura lisa de las arterias (ambas condiciones para la formación de placas), acrecentando así la tendencia a la formación de coágulos. Dos factores ya nombrados, el estrógeno y la gimnasia, disminuyen la resistencia a la insulina; se sabe que tienen efectos benéficos sobre el sistema cardiovascular, retardando el proceso arteriosclerótico.

Aun así, sin tener en cuenta las influencias positivas que ejerzan sobre los factores de riesgo importantes, hay un grupo de individuos que desarrollan un tipo de enfermedad cardiovascular arteriosclerótica difusa, precoz que, con frecuencia, lleva a ataques cardiacos prematuros, derrames cerebrales y complicaciones de la hipertensión. Este grupo está compuesto por los diabéticos resistentes a la insulina, en quienes la única anormalidad mensurable es el elevado nivel de insulina. Se ha hecho evidente para nosotros, también para otros, que la insulina tiene diversos efectos sobre los procesos conocidos, causantes del desarrollo de la enfermedad cardiovascular vía la arteriosclerosis. Por lo tanto, la clave para mejorar nuestro desempeño y nuestra salud por medio de la nutrición tiene que ver con la insulina.

La regulación de la secreción de insulina mediante la dieta puede llegar a ser la variable más importante para inhibir el desarrollo de la enfermedad cardiovascular. En el capítulo siguiente explicaremos cómo se logra dicha regulación; también cómo afecta al aumento o pérdida de peso.

# 8

# Las mujeres
## y la reducción de peso

¡Sí! Muchas mujeres tienen más dificultades para bajar de peso que los hombres. Sin embargo, algunos de los mayores éxitos de *La dieta antiazúcar* se han logrado entre las mujeres. Una señora que conocemos pudo bajar casi 36 kilogramos en cinco meses, adoptando el estilo de vida de *La dieta antiazúcar*

Maggy Drezins es una mujer de 51 años que ha tenido problemas de peso toda la vida hasta hace poco. Cuando terminó la escuela superior, pesaba 54 kilos pero, poco después de su matrimonio y de tener a sus hijos, su peso ascendió hasta 82-86 kilogramos. Después del inesperado fallecimiento de su marido, ella empezó a comer en exceso; finalmente llegó a los 145 kilos. Comprendiendo que debía hacer algo, redujo el consumo de alimentos, eliminó toda la grasa que pudo de su dieta y, durante 18 meses, redujo su peso a sus antiguos

86 kilos donde, una vez más, se detuvo. A Maggy le fue presentado el estilo de vida de *La dieta antiazúcar* y, en los cinco meses siguientes pudo bajar más de 35 kilos, llegando a su peso habitual de 50,30. Dice que *La dieta antiazúcar* es la dieta más estupenda que jamás conoció. Aunque siempre había sido loca por los dulces, este modo de comer le ha quitado el ansia por ellos. Tanto su energía como su rendimiento y su sensación de bienestar han mejorado. Para ayudarse a seguir en la buena senda, Maggy se empeña por repasar este libro todos los meses, y hasta se refiere a él como "mi biblia". Adoptar este estilo de vida ha dado a Maggy una figura y una vida nuevas; hace poco ha vuelto a casarse. Maggy dice: "¡Pienso que *La dieta antiazúcar* es maravillosa!".

Otra señora, Lala Ball Cooper, de Memphis, Tennessee, escribió lo siguiente acerca de su experiencia con *La dieta antiazúcar*:

Mi viaje con *La dieta antiazúcar* empezó hace 18 meses. Todavía es un misterio cómo encontré la motivación para comenzar este viaje. Después de todo, mucho antes de aquella primavera, yo había perdido por completo toda esperanza de deshacerme de alguna parte de lo que cubría aquello que, en realidad, era un cuerpo mediano. A mis espaldas y hasta donde tenía memoria, sólo había una vida, en sentido literal, de pelear contra el exceso de peso: al menos desde la escuela primaria. Siempre buscando una solución, jamás había encontrado una que fuese eficaz. Probé cada dieta que se puso de moda cada año hasta que, al fin, llegué al punto en que ninguna novedad de una posible solución —aunque fuese acompañada de la promoción más atractiva en los medios—, lograba captar mi interés. Por eso, no puedo explicar cómo encontré el impulso para investigar aunque más no fuera el libro *La dieta antiazúcar*. Todavía estoy asombrada de haberlo comprado; más aun de haberlo leído e intentado, tanto era mi escepticismo en aquel momento y tan poca mi esperanza de que algún plan pudiera tener éxito para mí.

*La dieta antiazúcar* empezó a causar efecto inmediatamente. Los kilos comenzaron a desaparecer con rapidez, pero yo estaba tan pesada que, cuando empecé, nadie lo notó en la escuela superior donde yo enseñaba hasta después de dos meses. No le dije a nadie que estaba haciendo dieta (después de tantos fracasos, nosotros, las personas con gordura crónica, aprendemos a no divulgarlo). Con mi secreto aún intacto, pasé el verano bajando de peso de manera continuada y firme. Ese otoño, cuando volví a la escuela con un cuerpo notablemente reducido, mi secreto dejó de ser tal. Ahora peso 56,25 kilos menos que cuando empecé. Si bien reduje la mayor parte de mi peso durante los primeros ocho meses, todavía sigo bajando, mucho más lentamente ahora. Lo mejor de todo es que no he vuelto a recuperar el peso perdido. Para lograrlo, he abordado mi nuevo éxito con una actitud diferente. Sé que, para mí, *La dieta antiazúcar* no es algo que pueda darme el lujo de dejar al llegar a mi peso deseado. Tendré que mantenerlo como un hábito de por vida si quiero conservar mi peso deseado. Como está basado en principios alimenticios válidos y ha eliminado al peor enemigo de los que seguimos dietas, la sensación de privación, siento que puedo abrigar la razonable esperanza de continuar por largo tiempo fiel a este plan. Estoy más sana de lo que he estado jamás, como lo han atestiguado los informes de análisis de sangre que me ha entregado el médico cuando he ido a hacerle la visita anual de control. Por primera vez en mi vida, realmente creo que podré dejar atrás mi historia de exceso de peso.

¡Felicitaciones, Lala Ball Cooper!

Sin embargo, algunas mujeres que adoptaron la dieta de *La dieta antiazúcar* se han sentido frustradas porque los resultados llegaban en forma mucho más lenta que para sus compañeros masculinos. El último libro de Michel Montignac, *El método Montignac especial mujer*, aborda este problema.

Montignac identifica cuatro puntos que, según él, hacen que las mujeres encuentren más difícil bajar de peso. Son los siguientes: (1) las mujeres son más sedentarias que los hombres; (2) las mujeres acostumbran a comer tentempiés más que los hombres; (3) las mujeres hacen más dietas que los hombres y, por lo tanto, sus cuerpos son más resistentes a ellas; y (4) con frecuencia, las mujeres ingieren suplementos hormonales; esto hace más difícil bajar de peso y, de hecho, puede hacer que aumenten. Si bien los autores de *La dieta antiazúcar* no estamos por completo de acuerdo con Montignac, creemos que algunos de sus argumentos tienen su mérito.

En general, las mujeres practican ejercicios con menos vigor y tienen menos masa muscular para quemar energías que los hombres. Hay más hombres que hacen *jogging* o utilizan máquinas de alta tecnología para hacer gimnasia, mientras que las mujeres tienden más a participar de programas de gimnasia aeróbica. Con todo, es preciso recordar que miles de personas están bajando de peso por seguir con fidelidad el modo de comer propuesto por *La dieta antiazúcar*, incluso sin hacer ejercicios.

Las mujeres que no trabajan tienden a tomar más a menudo algún bocado entre comidas que las que trabajan y que los hombres. Es natural puesto que, una persona que entra y sale de la cocina con frecuencia, tiene más oportunidades de comer que alguien que está fuera de su hogar la mayor parte del día.

Las mujeres que ingieren ciertos suplementos hormonales, como píldoras anticonceptivas, pueden sufrir inconvenientes de importancia para perder peso, sobre todo si una de las hormonas es la progesterona. Esta hormona aumenta el apetito y, sin duda, promueve la acumulación de grasas. Muchos ginecólogos usan la progesterona para estimular el apetito en pacientes que están recuperándose de una operación o en otras circunstancias en las que quiere conseguirse el mejoramiento de la nutrición y del peso. Si una mujer está recibiendo suplementos hormonales no deberá interrumpirlo por su cuenta, sin consultar con el médico. Pero si fuera posible, con ayuda de su médico, sería conveniente que interrumpiese la ingesta de progesterona o cambiara la dosis y el calendario de administración, de modo de tomar la cantidad mínima.

El estrógeno, en cambio, puede ser muy beneficioso para las que intentan bajar de peso porque aumenta la sensibilidad a la insulina. En consecuencia, el estrógeno actúa de manera similar al ejercicio, como auxiliar del estilo de vida propuesto por *La dieta antiazúcar*.

Más aun, en un sentido genético, las mujeres acumulan más grasa que los hombres. Desde siempre, por su capacidad para engendrar niños, las mujeres tienen, con frecuencia, la necesidad de sostener a dos personas en lugar de una. Por lo tanto, sus organismos son más eficientes en almacenar reservas que estén disponibles para ellos durante y después del embarazo.

El problema que tienen muchas mujeres para bajar de peso es real; será conveniente que ellas repasen con cuidado la enumeración de más arriba para tratar de lograr los mejores resultados del estilo de vida de *La dieta antiazúcar*. Por supuesto, hay ciertos factores, como las hormonas, que tienen mayor influencia que otros. Pero, para la mayoría de las mujeres, es importante no dejar de lado ninguno de los puntos en cuestión. Para ellas, la atención a cada detalle dará, en última instancia, resultados placenteros y satisfactorios, como los que seguimos viendo en la mayoría de las que adoptan este estilo de vida. Por último, las mujeres que adhieren al estilo de vida de *La dieta antiazúcar* han comentado que, pese a haber tenido un éxito mínimo en el descenso de peso, las tallas de sus vestidos han disminuido de manera notable, demostrando que ha habido una redistribución del peso. Esto les ha brindado una gran sensación de bienestar y un mejoramiento de la propia imagen. ¡No se niegue este placer posible!

# 9

# El concepto
## de dieta

Regular la secreción de insulina es la clave de nuestra dieta de *La dieta antiazúcar.* Controlar con eficacia la insulina le permitirá mejorar su rendimiento y su salud, gracias la alimentación. Para controlar la insulina, es preciso controlar la ingestión de azúcar, tanto el refinado como el que abunda en los hidratos de carbono y que estimula su producción. Esto se logra eligiendo un concepto alimenticio o dietético que regule positivamente la secreción de insulina.

No podemos sobrevivir sin insulina, pero sí podemos vivir mucho mejor con menos cantidad de ella. En consecuencia, recomendamos preferir los alimentos en formas que estimulen la secreción de insulina de un modo mucho más controlado, consciente, en lugar de los que causan la inmediata liberación de esa hormona. Comer así proporcionará un nivel promedio más bajo de insulina en nuestra sangre durante cualquier período determinado. Esto, a su vez, tendrá un efecto benéfico en la reducción de la síntesis y el almacenamiento de grasa, así como otras influencias que, según hemos visto, tiene la insulina en nuestro sistema cardiovascular.

Si la insulina es nuestro concepto clave, los hidratos de carbono se convierten en la piedra de toque. El ladrillo básico de todos los hidratos de carbono es el azúcar. Esta sustancia pasa del tubo digestivo a nuestra sangre, estimula la secreción de insulina para contribuir al transporte del azúcar a las células, como fuente de energía. El tipo de hidratos de carbono que se ingieren últimamente alteran el ritmo de absorción del azúcar y, por lo tanto, la secreción de insulina.

El azúcar refinado y los productos de cereales despojados de sus cáscaras u hollejos son absorbidos, casi de inmediato, de manera muy concentrada, provocando una rápida secreción de grandes cantidades de insulina. En consecuencia, un régimen compuesto por azúcares refinados y cereales procesados estimulan un marcado aumento de los niveles de insulina durante un período de 24 horas. Así, el exceso de insulina está disponible para promover la acumulación de grasa como también los otros efectos indeseables ya mencionados.

Sin embargo, los hidratos de carbono no refinados, como en las frutas, vegetales verdes, guisantes secos y granos integrales, requieren un mayor grado de alteración digestiva para ser absorbidos. Esto, a su vez, causa una reducción proporcionada en el ritmo y la cantidad de la secreción de insulina, una regulación de dicha secreción. El resultado final es un nivel promedio más bajo de insulina y menos síntesis y acumulación de grasa y menor aumento de peso. Los efectos positivos en nuestro aspecto y en nuestro sistema cardiovascular son evidentes.

Por cierto, no todos los hidratos de carbono son malos pero algunos, sean refinados o puros, no son saludables para la mayoría de las personas. Muchas dietas proponen eliminar casi todas las grasas y las carnes, sobre todo las rojas, de nuestra alimentación. Si bien hay personas que comen demasiada, un poco de grasa es necesaria en nuestra dieta para sintetizar esteroides, lipoproteínas y otras sustancias que nuestro organismo necesita para desempeñar correctamente las operaciones metabólicas. Pero, insistimos, no es tanto el consumo de grasa lo que vuelve obesa a una persona sino los hidratos de carbono, que se convierten en grasa a través de la influencia de la insulina.

Del mismo modo, las carnes magras son importantes en nuestro bienestar alimenticio. No sólo suministran las imprescindibles proteínas, unidades básicas de la construcción de nuestro cuerpo, sino que, además, la ingestión de proteínas estimula la secreción de glucagón. Esta sustancia segregada por el páncreas, estimula la destrucción de la grasa almacenada, provocando una "pérdida de peso" en nuestro organismo.

Ahora, el panorama está claro. Un concepto de dieta constituida por hidratos de carbono hipoglucémicos (vegetales abundantes en fibras, frutas, y cereales integrales con su fibra), carnes magras y grasas en cantidades moderadas se basa en que regula, desde el punto de vista bioquímico, la relación entre insulina y glucagón. Como resultado de ello, habrá una pérdida de grasa corporal total y una reducción de los efectos adversos de la insulina sobre nuestro sistema cardiovascular.

El alcohol en cantidades moderadas puede resultar beneficioso. El alcohol aumenta el HDL, o colesterol bueno (tanto el HDL-2 como el HDL-3), disminuye el plasma fibrinógeno, y la viscosidad y acumulación de las plaquetas. Todas estas acciones tienden a reducir el desarrollo de la arteriosclerosis y se obtienen con todas las formas de alcohol. Hay que advertir, sin embargo que, al parecer, el del vino tinto es más beneficioso que en otras formas.

El hollejo de las uvas que intervienen en la fabricación del vino tinto contiene una variedad de bioflavonoides llamados vitamina P, que disminuyen la adhesividad de las plaquetas y también interfieren la oxigenación del colesterol LDL. Es la forma oxidada de dicho tipo de colesterol lo que perjudica nuestro sistema cardiovascular.

La curva que expresa la relación entre el consumo de alcohol y la mortalidad tiene forma de U, y se muestra en la Figura 9 (p. 122). La moderación proporciona un posible beneficio a nuestro sistema cardiovascular, pero el exceso modifica esa curva de manera espectacular, en perjuicio del consumidor. Por lo tanto, es imprescindible hacer un uso responsable del alcohol.

Contrariamente a la opinión general, el alcohol es causante de más problemas de salud que el tabaco. Una aspirina por día, acompañada de la ingestión de uvas negras o verdes, puede brindar a nuestro cuerpo todos los efectos benéficos atribuidos al consumo de alcohol, pero con más seguridad.

Ya ha terminado la lectura de la parte más técnica de nuestro libro; si bien no podemos recompensarlo con un título médico especializado en digestión, metabolismo o cardiología, es probable que usted esté mucho mejor preparado para entender las propuestas que siguen, más prácticas en materia de comida en beneficio de la buena salud y la pérdida de peso. ¡También se harán más interesantes las conversaciones con su médico, nutricionista o dietólogo!

En síntesis, la base de nuestra idea consiste en ejercer una influencia positiva sobre las secreciones de insulina y glucagón, por medio de la alimentación. Esto se logra ingiriendo una dieta compuesta por azúcares naturales no refinados, cereales integrales no procesados, frutas, carnes magras, fibras y alcohol (con moderación). Comer estos alimentos en las combinaciones apropiadas también es muy importante; de esto se habla en el Capítulo 11.

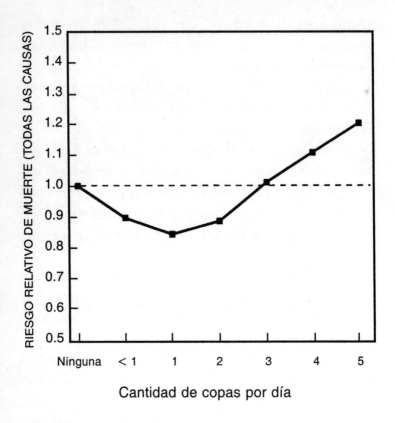

FIGURA 9

**MUERTES POR CÁNCER, ENFERMEDAD CARDIACA, ATAQUES CEREBRALES Y ACCIDENTES**

Fuente: Marmot y Brunner, modificada (1991).

# 10

# Alimentos aceptables
## y sustitutos

¿Qué alimentos podemos comer? Los principios del metabolismo y los conceptos de nutrición nos brindan la base teórica y una guía, pero la línea fundamental de cualquier dieta consiste en elegir los alimentos apropiados para comer. Esperamos dar, en este capítulo, los consejos y ejemplos que hagan más fácil esa elección. Además, haremos un breve comentario acerca de la cafeína, los edulcorantes artificiales y las especias que forman parte de nuestra dieta cotidiana.

Pero antes veamos algunas excepciones notables que, tal vez, le sorprendan. "Las patatas son para los cerdos y el maíz, para el ganado"... así dicen los franceses, y con fundadas razones. Estos alimentos engordan a esos animales del mismo modo que nos engordan a nosotros. Las patatas, remolachas, zanahorias y muchas otras raíces comestibles son, simplemente, almidones, una forma de glucosa almacenada. Ya dentro de nuestro aparato digestivo, se convierten muy rápido en azúcar pura. Su absorción es veloz, y la reacción insulínica, muy significativa.

¿Cuántos de nosotros, por respeto a la dieta, hemos dejado de comer un bistec jugoso y tierno y, en cambio, hemos comido una patata asada con todos sus accesorios? Si vaciáramos la patata y la llenásemos de azúcar, ¿usted la comería? ¡Sin duda que no! Sin embargo, eso es lo que está haciendo cuando come una patata hecha al horno, pues se convierte muy rápidamente en azúcar en su estómago.

El maíz híbrido tiene grandes espigas carnosas que causan la misma reacción insulínica, abundante y rápida. En cambio, el maíz original que comían los indios de América tiene mazorcas más pequeñas, con más fibra y, por lo tanto, una absorción y una liberación de insulina mucho más moderadas. Muchos aborígenes norteamericanos se han vuelto diabéticos al alterar sus dietas y empezar a comer la variedad moderna de maíz híbrido (Knowles *et al.*, 1990). Una vez más, éste ha sido el resultado de una sobrecarga de azúcar, con su correspondiente elevación de la secreción de insulina.

Entonces, a la lista de azúcares refinados y cereales procesados, sobre todo pan y arroz blancos, agreguemos ahora patatas, zanahorias, remolachas y maíz. Con todo, la lista de alimentos recomendados es bastante extensa. Veamos qué podemos comer y disfrutar (Figura 10, pp. 125 a 128); además, qué debemos evitar (Figura 11, p. 129).

En las tiendas norteamericanas de comestibles es muy difícil encontrar buena parte de estas carnes, verduras o cereales (envasados o enlatados), que no contengan uno o más azúcares agregados. Por otra parte, tenga cuidado con las salsas como la ketchup y muchas de las que se usan para el asado, porque están condimentadas con uno o más azúcares. Casi todos los aliños comerciales para ensaladas contienen una o más formas de azúcar.

Por último, si bien los índices glucémicos de los hidratos de carbono de las listas son de moderados a bajos, no se puede pretender comer tres o cuatro platos de guisantes, boniatos, etcétera, en una comida... ¡y no aumentar de peso o conservarlo!

Después de haber aprendido a elegir correctamente dentro de cada grupo principal de alimentos, ahora necesitaremos examinar los modos correctos de comer y las combinaciones de alimentos.

FIGURA 10
ALIMENTOS ACEPTABLES

## Carnes

Antílope
Carne vacuna magra*
Cerdo*
Codorniz
Conejo
Cordero*
Faisán
Ganso*
Mariscos

Paloma
Pato*
Pavo*
Perdiz
Pescado
Pollo*
Ternera*
Venado

## Vegetales

| | |
|---|---|
| Alcachofas | Espinaca |
| Algas | Guisantes |
| Apio | Hojas de nabo |
| Berenjenas | Judías |
| Brócoli | Lechugas |
| Boniatos | Lentejas |
| Calabaza | Palmitos |
| Calabacines | Pepinos |
| Cebollas | Pepinillos en vinagre |
| Col | Pimientos dulces |
| Coles de Bruselas | Rábanos |
| Coliflor | Setas |
| Espárragos | Tomates |

## Frutas

| | |
|---|---|
| Aguacates | Mangos |
| Albaricoques | Manzanas |
| Cerezas | Melocotones |
| Ciruelas | Melones |
| Dátiles | Moras |
| Kiwis | Naranjas |
| Limas | Peras |
| Limones | Pomelos |
| Mandarinas | Uvas |

## Lácteos

Crema          Mantequilla
Huevos         Queso
Leche          Yogur ·

## Granos y cereales

Arroz integral

Avena

Granos naturales

Panes de cereal integral

Pasta de cereal integral

Productos de grano entero (sin dextrosa, maltosa, miel, melaza, azúcar morena ni jarabe de maíz)

Salvado de avena

Salvado de trigo

## Misceláneas

Aceite de oliva, aceite de canola

Ajo

Café[#]

Chocolate amargo (con 60 % de cacao o más)

Especias[+]

Frutos secos

Gaseosas con endulzantes artificiales[x]

Gelatina de fruta sin azúcar

Manteca de cacao, sin azúcar

Salsa tabasco

Té[#]

Zumos de fruta sin azúcar (solos)

NOTAS:

\* Magras o desgrasadas.

+ Por lo general, las especias están permitidas aunque tienen poco o ningún valor nutritivo.

# La mayoría de los individuos no deberían consumir más de dos o tres bebidas con cafeína por día. La cafeína incrementa la irregularidad del ritmo cardiaco, la tensión arterial, la secreción ácida del estómago y el apetito. Pero la interrupción súbita de cafeína puede causar síntomas de abstinencia pasajeros como, por ejemplo, dolores de cabeza e irritabilidad.

x Los edulcorantes artificiales no son dañinos para la gran mayoría de las personas. Pero no tienen valor alimenticio.

Figura 11
Alimentos que deben evitarse

| Evitar | Sustitutos aceptables |
| --- | --- |
| Patatas (rojas o blancas) | Tomates a la parrilla con queso, boniatos (ñame), setas, lentejas o guisantes |
| Arroz blanco | Arroz integral o moreno |
| Maíz (incluyendo palomitas, pan, y harina de maíz) | Quingombó, espárragos, calabacín |
| Zanahorias | Brócoli o apio |
| Remolachas | Palmitos o alcachofas |
| Pan blanco | Panes integrales (de trigo molido artesanal), sin azúcares agregados, y pastas de harina integral |
| Todos los azúcares refinados | Edulcorantes artificiales, fructosa |
| Otros productos refinados como galletas, pasteles y similares | Helado de crema sin azúcar, yogur sin azúcar, helado de vainilla sin azúcar, cerveza dietética sin alcohol; de vez en cuando |

Después de haber aprendido a elegir correctamente dentro de cada grupo principal de alimentos, ahora
necesitamos hacer lo mismo con las pautas correctas de
alimentación y de combinación de alimentos.

|ıııılıııılıııılıııılıııılıııılıııılıııılıııılıııılıııılıııılıııılıııılıııılıııılıııılıııılıııılıııı|

# Pautas de
## alimentación

En todos los conceptos alimenticios de éxito intervienen el "qué", el "por qué", el "cuándo" y el "cómo". En los capítulos anteriores hemos hablado del "qué" (poca cantidad de azúcar), y "por qué" (regular la secreción de insulina), pero ahora necesitaremos referirnos al "cuándo" y "cómo", que reunirán todo en tres comidas completas y un tentempié de vez en cuando. Para muchos de los lectores, el éxito con el estilo de vida de *La dieta antiazúcar* exigirá cambiar sus actuales hábitos alimenticios.

Muchas comidas estimulan menos la secreción total de insulina que una o dos abundantes, porque la falta frecuente de comidas modificará la reacción del organismo con respecto a esa secreción y aumentará la acumulación de grasa. En consecuencia, tendremos que esforzarnos por hacer tres comidas equilibradas cada día.

Como dijimos en el Capítulo 2 al referirnos a los mitos, no es necesario contar las calorías. Por otra parte, tampoco es necesario contar gramos de azúcar, de grasas o de proteínas. Con esto no sólo se consigue frustraciones; además, los resultados no son dignos de crédito. Su dieta cotidiana debe consistir en el consumo de hidratos de carbono abundantes en fibra, carnes magras y desgrasadas como fuentes de proteínas y grasas, fundamentalmente, no saturadas. A *La dieta antiazúcar* le preocupa que usted coma demasiada grasa, sobre todo si es saturada. Las raciones de alimento que usted seleccione para cada comida debe caber bien en el plato. Todo el mundo conoce el tamaño de un plato normal. Tiene el fondo plano y un reborde. Su ración de carne y verduras deberá entrar perfectamente en el fondo del plato y no desbordar sobre los lados. Si usted se sirve raciones correctas, no será necesario que cuente los gramos. Recuérdelo: una vez que haya servido correctamente su plato, no deberá repetir segundas o terceras raciones. Es importante entender este concepto; quien lo respete, evitará comer demasiada cantidad de un hidrato de carbono que, en cantidades adecuadas, es aceptable desde el punto de vista glucémico.

Además, como la mayor parte del colesterol es elaborado por la noche, mientras dormimos, no es aconsejable ingerir una comida abundante, de ningún tipo, antes de acostarnos. Es preferible terminar de cenar alrededor de las ocho de la noche. Una vez terminada la cena, la cocina se cierra: ¡nada de tentempiés de medianoche! Obedecer este consejo también reducirá o, incluso, eliminará la mayor parte de la indigestión o la acidez que suele despertarnos en mitad de la noche.

Los tentempiés adecuados son aceptables; casi todas las frutas son ideales para estas ocasiones, excepto el melón, la piña, las pasas de uva y el plátano. Ciertas personas, que suelen sufrir frecuentes indigestiones, podrían mejorar su estilo comiendo fruta 30 minutos antes o dos horas después de una comida. La fruta se digiere, fundamentalmente, en el intestino delgado; cuando se ingiere con otros sólidos, su evacuación del estómago se demora. Esto facilita la fermentación que produce indigestión (acidez) y a menudo la formación de gases (flato).

La mayoría de las frutas contienen fructosa, azúcar básica; ésta estimula aproximadamente un tercio de la secreción de insulina que realiza la glucosa. Por lo tanto, la fruta sola, como tentempié, es muy buena; en cambio, con otros hidratos de carbono, se pierde la ventaja de la baja secreción de insulina que se obtiene al comerla sola. Sin embargo, el zumo de frutas puede consumirse antes de una comida como el desayuno, por ejemplo, porque los líquidos evacuan el estómago más rápido que los sólidos, sobre todo si el zumo se bebe antes que nada.

En general, debe beberse poca cantidad de líquido durante las comidas. "Lavar" el alimento suele hacer que se deje de lado la correcta masticación necesaria para desmenuzar la comida en partículas más pequeñas, apropiadas para una mejor digestión. Además, el exceso de líquido en las comidas diluye los jugos digestivos; esto disminuye su capacidad de actuar sobre la comida, no sólo en la boca sino también en el estómago. Esto podría hacer que alimentos parcialmente digeridos llegaran al intestino delgado; esto provocaría calambres.

Puede beberse todo el líquido que se desee entre comidas. Pero tenga cuidado con la mayoría de las bebidas gaseosas, e incluso con las populares bebidas deportivas, que están llenas de azúcar; algunas, además, contienen grandes cantidades de cafeína. Grandes cantidades de café y de té comunes también pueden tener el inconveniente del exceso de cafeína. Son preferibles el agua y las bebidas descafeinadas, sin agregados de azúcar. Es aconsejable hacer un esfuerzo consciente y beber entre seis y ocho vasos de agua cada día. Esto es beneficioso para el correcto funcionamiento de la mayoría de los órganos, sobre todo los riñones. El agua que consuma durante el día disminuirá su deseo de comida; por lo tanto, ayudará a controlar su peso.

Las bebidas alcohólicas presentan un problema un tanto diferente. El alcohol consumido junto con los alimentos (con el estómago lleno) es absorbido con mayor lentitud y, por lo tanto, provoca menor secreción de insulina y, tal vez, menores efectos intoxicantes. En consecuencia, si usted decide consumir alcohol, hágalo con el estómago lleno y sólo en cantidades discretas. Queremos advertir que los zumos de sobre suelen contener mucha azúcar, lo mismo que la cerveza, por lo tanto ninguno de ellos es apropiado para una dieta saludable. Un vino tinto seco (con poco azúcar) será la bebida alcohólica preferible.

Algunas dietas han advertido en contra de la mezcla de ciertos hidratos de carbono, como las pastas y el arroz junto con las proteínas. Supuestamente, estas combinaciones estimularían la secreción de enzimas digestivas competitivas. En nuestra opinión, el problema no reside tanto en la combinación de hidratos de carbono y proteínas sino en el tipo de hidratos de carbono consumido. Por ejemplo, una comida constituida por albóndigas de carne sin azúcar agregada y spaghetti de harina integral es aceptable. Tal como indica la lista del capítulo anterior, se pueden consumir cantidades discretas de la mayoría de los hidratos de carbono no refinados ni procesados. Claro que los almidones, en la mayoría de sus formas (excepto en el boniato, que contiene una cantidad considerable de fibra), son dañinos y no deben comerse solos ni combinados con otros alimentos. ¡Lo lamentamos, pero nada de carne con patatas, salvo las llamadas "patatas dulces", boniatos!

¡Atención, comerciantes! Hasta las mejores intenciones pueden torcerse. Los fabricantes de alimentos nos han hecho difícil comer de manera saludable. La mayoría de los cereales para el desayuno, aunque son publicitados como "el mejor producto para su salud", llevan el agregado de azúcar blanco o moreno, melaza, jarabe de maíz o miel. De hecho, es difícil comprar un cereal de grano puro, natural. Existen, pero para encontrarlos es preciso leer con cuidado la letra pequeña impresa en los costados de la caja. El mismo problema se aplica a otros alimentos embotellados, enlatados o envasados de otra manera, a las salsas y aderezos. Casi todos tienen cantidades importantes de azúcar añadido. Desde luego, los vegetales frescos son la alternativa más sana, seguidos por aquéllos de congelación rápida y los enlatados o embotellados sin agregado de azúcares.

Panes, bollos, panecillos y demás, hechos con cereal molido en forma artesanal y no con "harina integral", también se consiguen en las tiendas más grandes o en las de especialidades. Pero es necesario tener cuidado de que no se les haya agregado nuestro viejo enemigo, el azúcar, en una forma u otra. Cuando realmente empezamos a fijarnos en lo que nos llevamos a la boca, no tardamos en advertir cuánto azúcar hay en casi todo lo que hemos estado comiendo. Para recordar adónde nos ha llevado esto, vuelva a mirar la Figura 2 (p. 37).

Ahora, cuando comience a seleccionar alimentos y a planificar sus comidas y sus refrigerios, recuerde que lo que debe vigilar es el azúcar y los hidratos de carbono glucémicos. El azúcar estimula la secreción de insulina, que ordena al metabolismo de nuestro cuerpo crear, almacenar y retener grasa. La proteína, por el contrario, estimula la secreción de glucagón, que hace precisamente lo contrario que la insulina. El glucagón ordena a nuestro metabolismo a movilizar la grasa y volver a convertirla en glucosa; esto reduce nuestros depósitos de grasa y el contorno de nuestra cintura.

La dieta más beneficiosa es aquélla que reduce la secreción de insulina y estimula la de glucagón. Esta forma de comer reduce la grasa corporal y el colesterol y, con ellos, muchos de los problemas causados por ambos. En consecuencia, los alimentos que provean proteínas son imprescindibles. Son recomendables todas las carnes magras, desgrasadas, como la vacuna, el pescado y las aves de corral. Estas carnes deben ser asadas a la parrilla o al horno, ya que freírlas implica la presencia de grasas saturadas y de baños para rebozar con harinas procesadas. Otras excelentes y saludables fuentes de proteínas son los huevos, el queso y los frutos secos. Recuerde que no necesariamente será la grasa que coma, sino la que genere a partir del azúcar lo que arruinará su aspecto y su salud.

No será preciso que se quede con las ganas de lo que en realidad le gusta, y antes pensó que no debía comer. Encendamos la parrilla y veamos qué hay para cenar. En la Figura 12 (pp. 138 a 139) hay ejemplos de desayunos, comidas y cenas saludables. Esta dieta básica, que no escatima calorías y grasa (pero incluye poca cantidad de azúcar e hidratos de carbono hipoglucémicos) ha permitido bajar de peso a la mayoría de nuestros lectores y, además, hacer descender su colesterol en un promedio del 15 por ciento... y todo ello sintiéndose y funcionando mejor, al mismo tiempo.

La Figura 13 (pp. 139 a 140) da un ejemplo de lo que, la mayoría de nosotros, hemos consumido toda la vida durante un día típico. La dieta de la Figura 13, si bien no necesariamente contiene muchas calorías ni grasas, no le permitirá perder peso, y mucho menos hará que lo pierda, a menos que usted cuente con la bendición de un metabolismo mejor que el del promedio de las personas. La persona que consume una dieta de alto contenido glucémico, consistente en bocadillos con vino blanco, azúcar refinado, patatas y bizcochos, ¡tiene un elevado nivel de insulina en el organismo durante todo el día y la mitad de la noche! ¿Por qué las poblaciones norteamericanas, británica y de varios otros países occidentales tienen tanta obesidad y tanta propensión a una elevada incidencia de la diabetes? ¡Así es! Las dietas con exceso de azúcar e hidratos de carbono hiperglucémicos "espolean" a la insulina. *¡Usted elegirá qué dieta tiene más sentido!* En el Capítulo 13 esbozamos un plan de comidas para 14 días y el Capítulo 14 contiene numerosas recetas que le ayudarán en su camino al éxito, adoptando el estilo de vida de *La dieta antiazúcar*.

Figura 12
Dieta antiazúcar
(equilibrada en función del adelgazamiento y la salud)

**Desayuno**. Pomelo, naranja o manzana —½ hora antes—; trigo integral y salvado de trigo fino, leche desnatada. O zumo de naranja —½ hora antes—; jamón magro o lomo/lomito; una rebanada de tostada de cereal integral (con mantequilla); y café o té descafeinados.

**Refrigerio de media mañana**. Frutas frescas o almendras, avellanas o nueces pacanas; jalea de fruta (sin agregado de azúcar) sobre galletas integrales fina; bebida descafeinada o café.

**Comida**. Ensalada de hojas con aceite de oliva y vinagre de vino tinto o vinagre/aceto balsámico, u otro aderezo sin azúcar (¡incluso queso tipo roquefort!); ración completa de pescado o pollo a la parrilla, con verduras verdes o amarillas; pan matza o ázimo de trigo integral o galletas crocantes de centeno; café o té descafeinados, o agua. Nada de postre.

**Merienda**. Fruta o frutos secos o un trozo de chocolate amargo o café descafeinado o cola dietética o agua.

**Cena**. Gran ensalada de hojas verdes, bistec, chuleta de cordero o de ternera, o hamburguesa; verduras verdes o amarillas, guisantes (no enlatados), cebollas salteadas, setas y pimientos dulces (salteados en aceite de oliva); agua o un vaso de vino.

**Postre**. Helado de crema sin azúcar o una o dos tajadas de queso o un puñado de frutos secos.

FIGURA 13
EJEMPLO DE LA "DIETA EQUILIBRADA NORTEAMERICANA" TÍPICA
(¡EQUILIBRADA PARA LA GORDURA Y LA ENFERMEDAD!)

**Desayuno**. Zumo de naranja con panecillos dulces, granola o cereal (todo endulzado con azúcar); bizcochos o tostadas con jalea... todo malo, salvo el zumo, que también es malo si es consumido con hidratos de carbono azucarados o refinados. Café o té cafeinado, que tampoco es malo bebido con moderación, pero que estimulará una excesiva secreción de ácidos gástricos y probablemente aumente su apetito.

**Refrigerio de media mañana**. Más café o té (con cafeína) o una gaseosa saturada de azúcar (por lo común, contendrá más de dos centímetros de azúcar líquido).

**Comida**. Pavo con mayonesa en pan blanco (pan hiperglucémico, más grasa y azúcar en la mayonesa), o una ensalada completa con aderezo que contiene azúcar. Té cafeinado o gaseosa.

**Merienda.** Caramelo y más café, té o gaseosa.

**Cena.** Pollo asado, sin piel (muy bien), patata al horno (¡uff!) con margarina, una verdura de hoja (¡sí!), panecillos (¡hola, insulina!), ensalada de frutas (demasiado rápido para que el estómago la evacue), más té helado o café descafeinado (¡sí!) y, probablemente, un postre (¡bien, por lo menos tiene buen sabor!).

**Antes de acostarse.** ¡Leche desnatada y bizcochos!

12

# Conclusión

La dieta antiazúcar no le propone una más de esas caprichosas dietas con alto contenido de grasas y pocos hidratos de carbono. La dieta antiazúcar le propone un estilo de vida; no se limita a la alimentación. Un estilo de vida lógico, práctico y razonable, que consiste en realizar elecciones sanas y nutritivas en relación con los alimentos que ingerimos. El estilo de vida de La dieta antiazúcar apoya la idea de eliminar de nuestra dieta la grasa innecesaria, sobre todo la saturada. Pero también el concepto de comer cantidades moderadas de carnes magras y desgrasadas, aunque sean rojas, pues son saludables fuentes de proteínas. Como recomendamos evitar los azúcares refinados y los productos hechos con cereales procesados que han sido agregados a muchos alimentos, la mayoría de ustedes ingerirán menos hidratos de carbono de los que están consumiendo en la actualidad. Lo más importante para obtener éxito con el estilo de vida de *La dieta antiazúcar* es el compromiso con la elección de los hidratos de carbono correctos. ¿Es éste un cambio en nuestra manera actual de pensar con respecto a la nutrición y modo de comer?

En materia de atención de la salud, transportes, telecomunicaciones y otros campos se han dado importantes pasos y seguirán dándose. En cambio, no es así en lo que atañe a la nutrición y la dieta. Nuestros antepasados comían mejor de lo que lo hacemos hoy en día, casi siempre por necesidad. A partir de ese modo de comer nuestros sistemas digestivos han evolucionado hasta ser lo que son en el presente. Sin duda, las vitaminas y otros suplementos alimenticios han mejorado; siempre disponemos de una variedad de alimentos que nos permiten aprovechar su variedad de vitaminas y minerales. Pero, en general, nuestra forma de comer ha provocado el deterioro de nuestra salud de manera evidente y ha ido en contra de un aumento importante en la expectativa de vida de las personas de mediana edad. Refinar y procesar casi todo lo que comemos nos ha hecho un flaco favor en lo que a nutrición respecta, sobre todo con la introducción del azúcar refinado. El resultado ha sido el empobrecimiento de nuestra salud.

La prueba de este deterioro es bastante obvia desde hace décadas. Los diabéticos insulinodependientes siguen en aumento y su colesterol sigue ascendiendo, por mucho que sigan con atención las indicaciones de su médico. Muchos individuos han dejado por completo la carne, con el único resultado de ver aumentar sus niveles de colesterol y avanzar rápidamente sus enfermedades vasculares.

Los nutricionistas y dietistas "miraban pero no veían". Dufty y Montignac comenzaron a ver. Sin embargo, como ellos no estaban profesionalmente preparados en nutrición, muchos de los así llamados profesionales se mofaban de ellos o los ridiculizaban; incluso insinuaban que eran charlatanes.

¡El mundo de la nutrición no es plano sino redondo! Conceptos anteriores parecían plausibles, pero ahora contamos con la base científica para demostrar que estaban equivocados. La mayor parte de la grasa de nuestro organismo proviene del azúcar ingerido (hidratos de carbono), no de la grasa. Esto es provocado por efecto de la insulina; los diabéticos resistentes a ella lo prueban. Regulando la secreción de insulina por medio de la dieta, estos individuos están en condiciones de modificar de manera manifiesta la grasa corporal, el colesterol, la diabetes y el avance de la arteriosclerosis, y sus consiguientes complicaciones. Por añadidura, la dieta puede regular la secreción de glucagón, que tiene efectos benéficos sobre el metabolismo de la grasa.

Comer debe ser una experiencia disfrutable y placentera; debe contribuir a nuestro rendimiento y a nuestra salud. Muchos han escrito acerca del azúcar y de sus efectos nocivos. Nosotros hemos tomado esta premisa, la hemos verificado por medio de datos actuales e históricos y la extendimos para incorporar nuestra convicción de que la clave está en la insulina. Los conceptos nutritivos y dietéticos presentados en *La dieta antiazúcar* son coherentes con la idea de estimular los niveles ideales de las secreciones de insulina y de glucagón.

Además de complacer a nuestros paladares, los conceptos propuestos en *La dieta antiazúcar* deberán alegrar a los criadores de ganado bovino y ovino, a los criadores de cerdos, a los productores de lácteos y huevos, que en los últimos tiempos se han visto muy perjudicados por diversos grupos de salud y nutrición. Estos alimentos son tan buenos hoy para nosotros como lo fueron para nuestros remotos antepasados.

Con nuestro enfoque, muchos individuos ya han experimentado pérdida de peso y reducción del colesterol (en un promedio del 15 por ciento, más o menos), además de mejorar su rendimiento, algo tan importante para el éxito de todos. Estamos seguros de que esto está también a su alcance si sigue las recomendaciones nutritivas y dietéticas que ofrecemos en *La dieta antiazúcar*.

## *Bon appétit!*

# 13

# Plan de comidas
## para dos semanas

El plan de comidas para dos semanas puede consumirse cada día en el orden que usted prefiera. Si a usted le gusta consumir casi todos los días uno de los desayunos que aparecen en la lista, en lugar del jamón magro, está bien. Aunque algunos cereales tienen un potencial glucémico alto, el desayuno es un buen momento para incorporar su dosis de hidratos de carbono del día, siempre que no vayan acompañados de una cantidad grande de grasa.

Si tuviera usted un metabolismo lento y almacenara grasa con mucha facilidad, tal vez le convendría saltearse las pastas y los panes y sustituirlos por los hidratos de carbono de índices glucémicos más bajos que aparecen en las listas de la Figura 4 (pp. 73 a 79). La mejor manera de consumir zumos de fruta es beberlos 20 o 30 minutos antes de la comida, como hemos explicado en capítulos anteriores.

# Día 1

|''''|''''|''''|''''|''''|''''|''''|''''|''''|''''|

**Desayuno:** Zumo de naranja o de pomelo, una rodaja de pan integral de centeno
Leche con sólo uno o dos por ciento de grasa.
Café, café descafeinado o té caliente

**Comida:** Blanco de ave sobre pan integral o pan de centeno entero con mostaza y/o untado con una capa fina de mayonesa ligera, lechuga o espinaca fresca, y tomate
Bebida dietética, té o agua

**Merienda:** Manzana

**Cena:** Carne magra asada o al horno con rodajas de cebolla
Arroz integral cocido en caldo de verduras y caldo de pollo, sin sal y sin grasa, con ½ taza de agua
Judías verdes chauchas/ejotes cocidas al vapor
Agua u otra bebida apropiada

**Postre:** Una docena de frutos secos

# Día 2

|''''|''''|''''|''''|''''|''''|''''|''''|

**Desayuno:** Zumo de naranja
Una rodaja de pan de trigo entero con puré de fresas/frutillas sin azúcar (con edulcorante)
Leche desnatada, con uno o dos por ciento de grasa; si se desea, café o té

**Comida:** Pan integral, jamón y queso suizo, con mostaza y/o untado con una capa fina de mayonesa ligera, lechuga y tomate
Bebida dietética, té o agua

**Merienda:** Una fruta

**Cena:** Salmón a la plancha, o a la parrilla, hecho a fuego lento o al vapor en horno de microondas, con zumo de limón y eneldo
Tomate fresco asado o cocido en microondas, parcialmente salpicado con albahaca picada
Espárragos frescos cocidos al vapor
Ensalada de espinaca fresca con setas en rodajas, aceite de oliva y vinagre
Agua u otra bebida apropiada

# Día 3

|'''''|'''''|'''''|'''''|'''''|'''''|'''''|'''''|

Desayuno: Medio pomelo o una naranja
Yogur desnatado sin azúcar con salvado
de trigo
Café o té

Comida : Atún (en lata, envasado con agua mineral)
con apio picado y con o sin un huevo duro
picado, mezclado con un poco de mayonesa
ligera, sobre un lecho de lechuga
Bebida dietética, té o agua

Merienda: Requesón/ricota desnatada y un melocotón
fresco

Cena: Setas frescas salteadas en aceite de oliva
Pasta de trigo integral, salpicada con queso
romano o parmesano
Guisantes congelados cocidos
Agua u otra bebida apropiada

Postre: Una docena de almendras

# Día 4

|''''|''''|''''|''''|''''|''''|''''|''''|

**Desayuno:** Zumo de naranja o de pomelo
Galleta de arroz integral
Café o té

**Comida :** Rodajas de redondo/peceto asado o hervido sobre pan de trigo integral con mostaza y/o untado con una capa fina de mayonesa ligera y lechuga, eneldo, encurtidos u olivas/aceitunas
Bebida dietética, té o agua

**Merienda:** Una docena de uvas

**Cena:** Pollo a la plancha o al horno, ligeramente pincelado con aceite de oliva y cocinado con tajadas de cebolla, bastones de apio, y espolvoreado con sal, pimienta y tomillo y/o romero
Rodajas de boniato asadas, pinceladas a penas con aceite de oliva, o boniatos asados al horno
Habas congeladas cocidas
Agua u otra bebida apropiada

# Día 5

|'''''|''''|''''|''''|''''|''''|''''|''''|

Desayuno: Zumo de naranja o de pomelo
Leche
Salvado de avena o de trigo o pan integral
Arándanos frescos
Café o té

Comida : Pavo sobre pan integral de centeno con
mostaza y/o untado con una capa fina de
mayonesa ligera, lechuga, tomate y bastones
de apio
Bebida dietética, té o agua

Merienda: Una tajada delgada de paté sobre 3 galletas
integrales

Cena: Un bistec bien desgrasado a la plancha
Setas frescas salteadas en aceite de oliva
Espinaca fresca o congelada, cocida
Una rodaja de tomate maduro con tajadas
finas de mozzarella fresca, aderezada con
aceite de oliva, vinagre balsámico, un poco
de ajo y albahaca picados y un toque de
mostaza de Dijon
Agua u otra bebida apropiada

# Día 6

|¹¹¹¹|¹¹¹¹|¹¹¹¹|¹¹¹¹|¹¹¹¹|¹¹¹¹|¹¹¹¹|¹¹¹¹|

Desayuno: Medio pomelo
Leche; dos o tres cucharadas de All Bran; dos
cucharadas de fresas o grosellas
Café o té

Comida : Hamburguesa a la plancha con queso
derretido, lechuga y tomate, sobre
panecillo integral con mostaza y/o una capa
fina de mayonesa ligera o con una
rebanada de pan integral

Merienda: Naranja

Cena: Costillas de cordero, o bistec de lomo de
cordero a la plancha, o hamburguesa de
carne de cordero
Rodajas de berenjena fresca a la parrilla,
apenas pinceladas con aceite de oliva
Brócoli fresco cocido al vapor
Ensalada de hojas verdes mezcladas con
trozos de tomate y corazones de
alcachofa marinados (de frasco), con queso
roquefort picado, y condimentada con
aceite de oliva y vinagre
Agua u otra bebida apropiada

Postre: *La dieta antiazúcar* Mousse de chocolate
(Capítulo 15, p. 205)

# Día 7

|''''|''''|''''|''''|''''|''''|''''|''''|

Desayuno: Zumo de naranja o de pomelo
Dos huevos revueltos
Jamón cocido
Tostada de pan integral
Café o té

Comida : Una tajada de pechuga de ave
Ensalada de berro
Ensalada de frutas sin azúcar
Un vaso de leche o yogur desnatado

Merienda: Manzana

Cena: Atún a la plancha (o cualquier otro
pescado)
Bastones de pimiento fresco rojo y
amarillo, cebolla, ramos de brócoli,
y ajos cocidos al vapor o en
microondas
Ensalada de espinaca fresca con palmito,
aderezada con aceite de oliva,
vinagre de vino y un toque de mostaza
de Dijon
Agua u otra bebida apropiada

# Día 8

|''''|''''|''''|''''|''''|''''|''''|''''|

**Desayuno:** Una naranja o medio pomelo
Tostadas integrales
Café o té

**Comida :** Pavo y queso suizo sobre pan de centeno
integral o de centeno con alcaravea, con
mostaza y/o untado con una capa fina de
mayonesa ligera, lechuga y tomate
Bebida dietética, té o agua

**Merienda:** Carne vacuna picada cocida en salsa de
tomate sin azúcar
Pasta de trigo integral espolvoreada con
queso romano o parmesano
Calabaza amarilla u otra variedad, y/o
calabacines, cocidos al vapor
Ensalada de lechuga romana con guisantes
frescos y piñones tostados, aderezada con
aceite de oliva, vinagre balsámico, un poco
de ajo picado, albahaca y un toque de
mostaza de Dijon
Agua u otra bebida apropiado

**Postre:** Helado de yogur sin azúcar agregado

# Día 9

|¹¹¹¹|¹¹¹¹|¹¹¹¹|¹¹¹¹|¹¹¹¹|¹¹¹¹|¹¹¹¹|¹¹¹¹|

**Desayuno:** Medio pomelo.
Arroz integral o avena instantánea con leche
Café o té

**Comida :** Ensalada de pollo con trozos de tomate,
sobre lecho de lechuga
Una rebanada de pan integral tostada
Bebida dietética, té o agua

**Merienda:** Una docena de almendras

**Cena:** Chuletas de cerdo salteadas con rodajas de
cebolla, en poca cantidad de
aceite de oliva
Judías secas rojas, guisadas con trozos de
jamón, cebollas cortadas, y ajo
Arroz integral cocido en caldo de pollo
Una alcachofa fresca semicocida al vapor,
con un trozo de mantequilla derretida o
una gota de aceite de oliva, sal de ajo y zumo
de limón
Agua u otra bebida apropiada

# Día 10

|IIII|IIII|IIII|IIII|IIII|IIII|IIII|IIII|

**Desayuno:** Zumo de naranja
Tostadas integrales
Fresas, leche cultivada o yogur
Café o té

**Comida :** Una tajada de carne magra asada sobre pan
negro integral con mostaza y/o una capa
fina de mayonesa ligera, lechuga y tomate

**Merienda:** Un kiwi y media docena de frutos secos

**Cena** Pechuga de pavo al horno, apenas untada
con aceite de oliva y cocinada con rodajas
de cebolla, bastones de apio, sal, pimienta y
tomillo
Boniatos al horno, guisantes frescos cocidos
al vapor
Agua u otra bebida apropiada

**Postre:** Dos tajadas finas de queso

# Día 11

|''''|''''|''''|''''|''''|''''|''''|''''|

Desayuno: Zumo de naranja o de pomelo
Galletas de arroz integral
Café o té

Comida : Ensalada Cobb, (consiste en pavo, jamón y
queso suizo cortados en juliana, con o sin
huevo duro), con aderezo sin azúcar
Una rebanada de pan integral
Bebida dietética, té o agua

Merienda: Requesón desnatado con fresas

Cena: Sopa de guisantes partidos
Bistec de cordero marinado a la plancha
Setas salteadas
Coliflor fresca cocida al vapor
Medio tomate
Agua u otra bebida apropiada

# Día 12

|''''|''''|''''|''''|''''|''''|''''|''''|

Desayuno: Medio pomelo
Un yogur o un vaso de leche, tres galletas
integrales
Café o té

Comida : Atún (enlatado con agua mineral), con apio
picado y, optativo, un huevo duro
picado, mezclado con un poco de mayonesa
ligera, sobre pan integral

Merienda: Melocotón fresco

Cena: Pechuga de pollo deshuesado sin piel, a la
parrilla, condimentada con sal,
pimienta, cebolla en polvo y ajo en polvo
Arroz integral cocido en caldo de pollo, con
tomate maduro picado, calentado
y colocado sobre el arroz
Ensalada de lechuga romana con corazones
de alcachofa marinados (de frasco),
y un aderezo de aceite de oliva, vinagre de
vino y un toque de mostaza de Dijon
Agua u otra bebida apropiada

# Día 13

|''''|''''|''''|''''|''''|''''|''''|''''|

Desayuno: Zumo de naranja o de pomelo
Dos huevos escalfados o duros
Jamón cocido
Tostadas integrales
Café o té

Comida : Hamburguesa a la plancha con queso
derretido, con lechuga y tomate
Bebida dietética, té o agua

Merienda: Manzana o media cucharada de puré de
manzanas sin endulzar

Cena: Langosta o trucha asada (o cualquier otro
pescado), con limón
Brócoli fresco al vapor
Pastas de harina integral con salsa de
tomates frescos picados con albahaca,
salteados en aceite de oliva y espolvoreados
con queso romano
Ensalada de hojas verdes mezcladas con
palmitos y piñones tostados, con
aderezo francés de aceite de oliva, vinagre
de vino y un toque de mostaza de Dijon
Agua u otra bebida apropiada

Postre: Helado de crema sin azúcar agregado

# Día 14

|''''|''''|''''|''''|''''|''''|''''|''''|

**Desayuno:** Zumo de naranja
Arroz integral con leche y fresas
Café o té

**Comida :** Pollo deshuesado sin piel asado con
ensalada César, o sobre lechuga y
tomate
Bebida dietética, té o agua

**Merienda:** Pera o una tajada de melón

**Cena:** Filet de carne vacuna a la plancha
Arroz integral cocido en caldo de pollo o de
carne vacuna y cebollas picadas
Setas salteadas
Espárragos frescos al vapor
Agua u otra bebida apropiada

# 14

# Recetas de
## *La dieta antiazúcar*

Impulsados por la expectativa popular, nos disponemos a ofrecerle recetas creadas por algunos de los autores, sus esposas o sus madres. A través de esta muestra, el lector podrá comprobar que se pueden adaptar rápidamente muchas variantes. La mayoría son sencillas y relativamente fáciles de preparar. Algunas, que son nuestras preferidas desde siempre, llevan un poco más de tiempo pero vale la pena el esfuerzo que requieren. En el próximo capítulo, se verán ejemplos de lo que tienen muchos restaurantes para ofrecer a los seguidores del estilo de vida de *La dieta antiazúcar*.

Hay muchas hierbas y especias exóticas. También hay muchas que son comunes, probadas y auténticas, y que coincidirán con nuestro paladar. La primera parte de esta sección se concentra en las recetas que contienen las hierbas y especias más comunes porque no se hicieron tan populares por encontrarse en el límite de lo que es agradable al paladar. Una vez, un *chef* famoso dijo: "Puedo crear una variedad casi infinita de sabores estupendos usando sólo cantidades diferentes de las tres pimientas comunes: blanca, negra y roja".

Debemos insistir en un punto: no basta con que una receta figure en esta lista como "legal" para que usted se sienta autorizado a comer cantidades ilimitadas de ese plato. Una ración doble de un hidrato de carbono "legal" puede provocar la necesidad de la misma cantidad de insulina que se necesita para consumir una sencilla de otro hidrato de carbono hiperglucémico.

## Aperitivos

Primero, veamos una lista de ingredientes que sólo exigen abrir un paquete o una lata, o ser apenas entibiados... ¡y ninguna receta!

### Trozos o tajadas de queso

De todo tipo, cualesquiera sean sus preferidos, pero con moderación.

### Cubos de carne

Ya sea en tajadas o en cubos como para un bocado, frías o salteadas en la sartén, en salsa de soja o ajo, mantequilla y sal. Esto puede hacerse con sobrantes de carne asada, ya sea vacuna, de cordero, de pollo o de venado. Si es fresca, debe saltearse el suficiente tiempo en la sartén.

## Bastones de apio

Tallos de apio rellenos con queso blanco con pimentón, queso fundido untable u otro queso para untar sin azúcar.

## Sardinas

Es preferible que las sardinas sean en aceite de oliva, rociadas con abundante zumo de limón.

## Arenque

Arenque cortado en trozos pequeños, con nata/ crema agria.

En cuanto a recetas que requieran un poco más de preparación, pruebe éstas:

## Champiñones salteados

Una bandeja de champiñones (de buen tamaño)
Aceite de oliva
Perejil disecado Sal a gusto
Vinagre/Aceto balsámico

⏳ Rehogar los champiñones en una sartén grande con muy poco aceite de oliva, abundante perejil deshidratado, sal a gusto y una cucharada grande de vinagre balsámico que no contenga más de un gramo de azúcar por ración. Debe hacerse sobre fuego bajo o mediano. Cocinar hasta que los champiñones estén tiernos.

🍴 De 2 a 4 raciones.

# Ostras Tony

3 docenas de ostras
1 bastón de mantequilla
un manojo de cebolletas/cebollas de verdeo
cortadas en trozos de 1,5 cm
250 g de champiñones blancos cortados a la mitad
sal de ajo
½ vaso de vermouth o de Jerez
Galletas integrales
Salsa Tabasco

⧗ Enjuagar las ostras en un colador. Derretir la mantequilla en una cacerola y agregar la cebolleta y los champiñones. Espolvorear con sal de ajo y rehogar hasta que las verduras comiencen a ablandarse. Subir el fuego y agregar las ostras. Cocinar cinco minutos a fuego medio. Añadir el vermouth o el Jerez durante los últimos minutos de cocción. Escurrir las ostras, la cebolla y los champiñones con una cuchara y servir sobre las galletas. No olvidar añadir una o dos gotas más de Tabasco y sal de ajo, si fuera necesario, en cada ración. También puede servirse como plato principal en un cuenco y comerse con tenedor y cuchara, sin las galletas. ¡Pero no se olvide de la salsa Tabasco! El caldo que queda en la cacerola es una sopa de ostras magnífica.

🍴 De 4 a 6 raciones.

## Ensaladas

Coma muchas ensaladas, porque son importantes para el sistema digestivo en su conjunto. Nuestros antepasados comían abundantes verduras de hoja, siempre que podían conseguirlas. Haga ensaladas con las diversas variedades de lechuga, con espinaca fresca, o mezcladas con brócoli, coliflor, pimientos morrones, setas o tomates.

Si quiere ensalada de frutas o una que combine lechuga y fruta, le recomendamos que ésa sea toda la comida o que la coma como merienda y la acompañe con un aderezo sin azúcar ni miel.

## Aderezos para ensaladas

Los aderezos para ensalada no deben contener azúcar o tenerla en muy poca cantidad. Aunque existen muchas variantes interesantes de los cuatro tipos de aderezos que aquí presentamos, le daremos las proporciones exactas de cada uno para que usted pueda empezar a preparar los aliños de sus ensaladas. También podrá encontrar aderezos como éstos en su tienda de comestibles, pero no siempre es fácil conseguirlos sin azúcar.

## Aderezo básico de aceite de oliva y vinagre

2 cucharadas de aceite de oliva extra virgen
1 cucharada de vinagre de vino
$1/8$ cucharadita de orégano

Menos de ⅛ de cucharadita de sal
Zumo/jugo de ⅛ de lima

⧗ Mezclar y usar.

## Vinagreta a la italiana

Se puede hacer suave o fuerte, poniendo más o menos ajo y sal:

2 cucharadas de aceite de oliva extra virgen
1 cucharadita de ajo picado
½ cucharada de condimento para pizza
(mezcla de hierbas y especias)
½ cucharada de zumo/jugo natural de limón
⅛ de cucharada de sal

⧗ Mezclar y usar.

## Aderezo de mostaza

1 taza de aceite de oliva extra virgen
¼ taza de vinagre de vino
1 cucharada colmada de mostaza de Dijon
¼ de chile/ají molido (optativo)

⧗ Mezclar y usar.

# Aderezo de queso roquefort

½ taza de aceite de oliva extra virgen
½ cucharadita de ajo en polvo
½ cucharadita de cebolla en polvo
½ cucharadita de pimienta negra molido grueso
½ cucharadita de estragón
½ cucharadita de perifollo
½ cucharadita de condimento para pizza
3 cucharadas de vinagre blanco
½ taza de queso roquefort desmenuzado

⧗ Vertir en un frasco todos los ingredientes, excepto el queso roquefort, y agitar hasta mezclar bien. Inmediatamente antes de servir, agregue al frasco el queso desmenuzado y sacúdalo una o dos veces. Vierta sobre la ensalada y sirva enseguida.

## Sopas

## Sopa básica de pollo

2 cubos de caldo de pollo disueltos en un litro de agua
1 lata grande de guisantes/arvejas/chícharos
sin agregado de azúcar
½ tallo de apio picado, con sus hojas
1 cebolla grande en cuartos
½ cucharadita de pimienta negra
⅛ de cucharadita de pimienta blanca
¼ de cucharadita de albahaca

⧗ Poner todos los ingredientes en una cacerola y cocinar a fuego medio. Dejar que hierva, bajar el fuego, tapar y cocinar 30 minutos. Se pueden agregar trozos de pollo, carne o jamón, ya cocidos, para hacer una sopa más sustanciosa o un plato suficiente para una comida completa. Si se quiere una sopa más sabrosa, agregar una lata de tomates.

Para dar un poco más de sabor a los caldos clarificados, añadir un poco de cebolleta finamente picada, incluyendo la cabeza, o aun pequeños trozos de pollo, carne vacuna u otra. Es interesante señalar que los cubos de caldo y consomé contienen, sobre todo, de sal, jarabe de maíz, azúcar y pollo o carne vacuna. Los caldos caseros, que se preparan hirviendo pollo, carne vacuna o raspas de pescado son los únicos que conocemos que no tienen azúcar agregada. Claro que, a menos que usted sea diabético, la cantidad de azúcar que contiene un cubo de caldo no puede hacerle daño.

🍴 6 raciones.

## Sopa de alcachofas

½ barra de mantequilla/manteca o margarina
¼ de taza de aceite de oliva
2 cebollas pequeñas, picadas
5 dientes de ajo, picados
3 latas de corazón de alcachofa/alcaucil en agua
½ l de caldo de pollo preparado con un cubo
1 cucharada de perejil
½ cucharadita de albahaca

½ cucharadita de orégano
2 cucharadas de harina de trigo integral
Queso parmesano rallado

⧗ Derretir la mantequilla y añadir el aceite. Saltear la cebolla y el ajo. Agregar las alcachofas y cocinar un poco. Añadir el caldo, el perejil, la albahaca y el orégano. Cocinar una hora en cacerola tapada. Mezclar la harina en una taza de agua y agregar a la cacerola. Cocinar 15 minutos más. Espolvorear el queso parmesano, inmediatamente antes de servir.

🍴 De 6 a 8 raciones.

## Sopa de pescado

1 kg de besugo
1 kg de camarones enteros
250 g de mejillones limpios
1 limón
4 cucharadas de aceite
2 dientes de ajo
1 hoja de laurel
4 puerros
1 cebolla
4 cucharadas de apio picado
2 tomates
1 vaso de vino blanco
2 cucharaditas de fécula de maíz

⧗ Limpiar el pescado, reservar las cabezas y cortar el resto en trozos. Disponer en una cacerola los trozos de pescado y agregar las cabezas y los camarones. Rociar el zumo del limón y cubrir con agua. Condimentar con sal y pimienta y poner a hervir.

En otra cacerola, echar el aceite y rehogar el ajo, el laurel y el resto de las verduras, todo picado. Agregar el vino. Cocinar unos minutos y añadir a la cacerola que contiene los pescados.

Continuar la cocción hasta que todo esté bien cocido.

Colar el caldo. Agregar los camarones pelados y los mejillones, todo rociado con limón.

Agregar el pescado cocido desmenuzado (desechar las cabezas). Espesar con la fécula, cocinar unos minutos y servir.

Se puede acompañar con arroz integral cocido o cubos de pan integral tostado en el horno.

 8 raciones.

## Carnes

Las carnes son fundamentales en el modo de comer de *La dieta antiazúcar*; no necesariamente carnes grasas sino desgrasadas o magras. Sin embargo, para mantenerse delgado, comer una albóndiga de carne picada o una hamburguesa con ensalada y vegetales verdes es preferible a comer pollo con patatas al horno o pescado con granos de maíz y tajadas o bollitos de pan blanco. En general, las siguientes recetas son sencillas pero sabrosas; con ellas podrá iniciarse en la categoría carnes.

# Guisado de carne

Para preparar con carne vacuna, cerdo, cordero, venado, pato, codorniz, ¡o una mezcla de todas ellas!

Carne, la que prefiera
Salsa para carne, que se prepara mezclando:
orégano deshojado
chile/ají molido
perejil picado
ajo picado
sal
pimienta
vinagre
vino blanco
medio vaso de agua

⧗ Marinar las carnes en el aderezo durante dos horas, o incluso toda la noche. Cubrir con unos tres milímetros de aceite de oliva una cazuela o cacerola. Dorar la carne por todos lados a fuego vivo. Agregar sal y pimienta negra en cantidad generosa. Agregar el agua y, si se prefiere una salsa más sabrosa, una parte de la marinada. Tapar de inmediato y bajar el fuego para que hierva lentamente. Cocinar los trozos grandes durante tres horas y los pequeños o tiernos, entre dos y dos horas y media. Verificar, cada tanto, por si fuera necesario agregar agua. Esta receta es tan fácil que cualquiera puede prepararla.

🍴 Rinde 6 raciones por kilo de carne.

# Hamburguesa

Para servir en plato, no sobre panecillo.
1 cebolla picada
Perejil deshidratado
1 kg de carne picada para hamburguesa, magra
Pimienta negra a gusto
Sal

⧗ Mezclar bien con las manos la cebolla, parte del perejil y la pimienta negra junto con la carne picada. Separar en hamburguesas gruesas. Espolvorear con sal. Asar a fuego de medio a bajo, hasta que estén al gusto. Servir con tajadas de tomate, de queso o con una ensalada verde.

🍴 6 raciones.

# Pan de carne a la italiana

1 taza de migas de pan de trigo integral
2 huevos batidos
2 cucharadas de perejil fresco picado
½ lata de puré de tomates
1 cucharadita de sal
½ cucharadita de pimienta negra recién molida
2 dientes de ajo triturados
½ cucharada de orégano
1 kg de carne magra picada
8 tajadas finas de jamón cocido
250 g de mozzarella desmenuzada

⏳ Calentar el horno a 180 °C. Preparar el baño para rebozar, poniendo 4 rebanadas de pan integral en el procesador de comidas y desmenuzarlo. Mezclar el pan con los huevos, el perejil, el puré de tomates, la pimienta negra, el ajo y el orégano hasta tener una pasta homogénea. Añadir la carne picada y mezclar bien. Con la ayuda de un papel encerado, modelar y aplanar la mezcla formando un rectángulo. Disponer tajadas de jamón sobre la carne y cubrir con la mozzarella, dejando un pequeño reborde de carne. Enrollar la carne levantando el papel encerado, comenzando por el lado más corto. Una vez enrollado, sellar el borde. Poner con la unión hacia abajo en una placa para horno de tamaño regular. Asar aproximadamente una hora, o hasta que esté hecho. Cortar en rodajas de 3 centímetros de espesor.

🍴 6 raciones.

## Bife a la texana

Sal con especias
Sal de apio o de cebolla
Ajo en polvo
Pimienta negra
Abundante zumo/jugo de limón fresco
Una taza de vinagre de manzana
Un churrasco de ternera
de unos 8 cm de espesor (1 - 1½ kg)
1 poco de mantequilla

⏳ Mezclar los primeros seis ingredientes y frotar con ellos la carne por ambos lados. Reservar por lo menos dos horas a temperatura ambiente o toda la noche en el refrigerador. Asar en barbacoa/parrilla al aire libre, dando vuelta una vez, durante una hora, más o menos, si la carne es del espesor indicado. Cuanto más fina sea, menos tiempo llevará. Cortar para controlar. Mantener la tapa cerrada para que se impregne de humo; usar astillas de leña fragante, de modo que el sabor sea más intenso aún. Mientras se asa la carne, derritir la manteca en una sartén y agregar los ingredientes con que se frotó el bife. No poner demasiada sal, de ninguna de las dos clases. Cuando la carne esté hecha al gusto, cortar en tajadas de 3 cm. Verter el líquido de la sartén sobre ellas, y servir enseguida.

De 6 a 8 raciones.

## Filetes de cordero

1 kg de filetes de cordero, cortados gruesos
Pimienta blanca
Aceite de oliva
2 cebollas medianas cortadas
Agua

Espolvorear la carne con pimienta blanca. Dorar en una sartén con una pequeña cantidad de aceite de oliva. Añadir la cebolla y agua suficiente para cubrir el fondo de la sartén (más o menos unos 6 mm) Tapar y cocinar a fuego medio o bajo durante unos 20 minutos, o hasta que esté tierna.

4 raciones.

## Pollo asado a la parrilla

Un típico plato tan saludable como el pollo es casi obligatorio en cualquier estilo de comer. La forma más sana de todas es quitándole la piel.

8 trozos de pollo sin piel
Sal
Pimienta
Aceite de oliva
Romero (optativo)

⧗ Asar el pollo en una sartén, parrilla o asador, después de haberlo frotado con un poco de sal, pimienta y un poco de aceite de oliva. Otra especia que va bien con el pollo es el romero; puede añadirse junto con la sal y la pimienta. Servir con cualquiera de las verduras "legales" y ensalada de hoja.

🍴 3 a 4 raciones.

## Pimientos rellenos

10 pimientos morrones verdes
1½ taza de cebolla picada
1 kg de solomillo/lomo de ternera picado
2 cucharadas de aceite vegetal
2 cucharadas de perejil picado
1 cucharada de ajo finamente picado
1 cucharadita de tomillo
1 cucharadita de albahaca

2 cucharadita de sal
1 cucharadita de pimienta blanca recién molida
¼ de cucharadita de pimienta de Cayena
2 cucharadas de salsa inglesa (Worcestershire)
800 g de tomate triturado
3 tazas de arroz integral hervido
1 taza de queso parmesano rallado

⌛ Calentar el horno a 180 °C. Quitar las tapas a los ajíes. Retirar las semillas y las membranas, luego lavar en agua fría. Reservar. En una sartén grande y pesada, a fuego mediano, saltear la cebolla y la carne picada en aceite hasta que estén doradas. Añadir el perejil, el ajo, el tomillo, la albahaca, la sal, la pimienta negra, la pimienta de Cayena y la salsa inglesa. Cocinar unos tres minutos, sin dejar de revolver. Verter los tomates triturados y mezclar. Cocinar otros cinco minutos, siempre revolviendo. Añadir el arroz hervido y mezclar bien. Tapar la sartén y cocinar a fuego bajo otros cinco minutos. Retirar la sartén del fuego y agregar el queso parmesano. Revolver para incorporar el queso. Rellenar los pimientos con la mezcla de arroz. Poner los pimientos rellenos en una fuente Pyrex de 9 por 12 cm en la que se habrá echado 2,5 cm de agua caliente. Cubrir la fuente con una hoja de papel de aluminio y hornear 45 minutos, o hasta que los pimientos estén tiernos. Retirar el papel y dejar que se doren de arriba (entre 5 y 10 minutos).

🍴 10 raciones.

# Pescado a la parrilla

Besugo, trucha, o cualquier otro pescado
blanco no graso, en filetes
Sal de ajo
Zumo/jugo de limón
Aceite de oliva
Perejil deshidratado

⧗ Secar los filetes con papel de cocina, de modo que no salpiquen cuando se pongan en el aceite caliente. Espolvorear con la sal de ajo. Exprimir abundante zumo de limón sobre los filetes. Cubrir el fondo de la sartén con aceite de oliva y poner sobre fuego fuerte. Cuando el aceite esté caliente, poner los filetes y esparcir el perejil deshidratado. Cocinar unos dos minutos, o más, si los filetes son gruesos. Dar vuelta y agregar más perejil y más zumo de limón natural. Después de otros dos minutos, llevar a los platos y servir de inmediato; comer bien caliente.

🍴 Dos filetes pequeños para cada persona

# Langostinos salteados

1 kg de langostinos pelados y limpios
125 g de mantequilla/manteca
Sal de ajo
Perejil fresco picado
Zumo/jugo de limón

⌛ Saltear los langostinos en la sartén con la mantequilla, el ajo, la sal, y el perejil fresco picado. Añadir una abundante cantidad de zumo de limón un minuto antes de retirar del fuego. Servir enseguida, vertiendo sobre los langostinos el jugo de cocción que haya quedado en la sartén.

🍴 2 raciones.

## Tortilla francesa de queso

Hay varias tortillas francesas u omeletes que también pueden constituir un buen plato principal. Para una tortilla francesa de queso, simplemente, batir tres huevos, echar queso Cheddar desmenuzado, un poco de sal y freír en una sartén no adhesiva con un poco de mantequilla. Si se quiere hacer una tortilla a la española, saltear primero morrón y cebolla picados en un poco de aceite de canola o de oliva, luego agregar dos cucharadas de salsa (suave o picante), tomando la precaución de entibiarla antes de mezclarla con el huevo batido. Si de verdad se intenta bajar de peso, en lugar de acompañarla con una rebanada de tostada "legal", agregar un huevo más, para no quedarse con hambre. También se puede acompañar con un tomate asado cubierto con queso parmesano y un poco de sal y pimienta.

🍴 1 o 2 raciones.

## Vegetales

La lista de vegetales permitidos es muy larga, como puede verse en la Figura 10 (pp. 125 a 128), y los prohibidos, en cambio, pueden contarse con los dedos de las manos. Por lo general, los vegetales crudos suelen ser los mejores (como los comían nuestros lejanos antepasados), aunque a la mayoría de las personas les gustan más las verduras cocidas.

Cocer al vapor diversas hortalizas como brócoli, guisantes, coliflor, calabaza, etcétera, es rápido, fácil y barato. Bastará con que las sirva al natural, o le agregue sus especias preferidas o aderezos para ensalada sin azúcar, antes de servirlas.

Una combinación de hortalizas salteadas y bien sazonadas, puede resultar una guarnición tan sabrosa como colorida para cualquier comida. Pimientos, cebollas, setas, calabacines, ajo y demás, se encuentran disponibles en abundancia para preparar estos platos. Desde luego, a todos les agrada la variedad en los platos de vegetales; de modo que esta lista les parecerá breve.

## Judías verdes

½ kg de judías verdes/chauchas/ejotes, lavadas y cortadas
2 cucharaditas de aceite de oliva
½ cucharadita de sal de ajo

⌛ Poner las judías verdes en un recipiente para horno de microondas y cubrir con película plástica.

Hornear durante cinco minutos o hasta que estén tiernas. Condimentar con aceite de oliva y sal de ajo.

🍴 4 raciones.

## Judías secas con salsa

½ kg de judías secas/porotos/frijoles, cocidas y escurridas
¾ l de agua
2 cebollas grandes, cortadas a la mitad
2 cucharadas de manteca/grasa de cerdo o
3 lonjas de tocino crudo
Sal a gusto

⏳ Hervir las judías en el agua, a fuego bajo, durante una hora. Agregar la cebolla, el tocino y la sal. Bajar el fuego, tapar y continuar la cocción una hora más. Agregar más agua si fuese necesario, de modo que las judías tengan abundante líquido. Probar antes de que termine la cocción para ver si es preciso añadir sal.

🍴 De 4 a 6 raciones.

## Salsa

1 lata de tomates enteros
las hojas de ¼ de ramo de cilantro, finamente picadas
½ cebolla mediana, finamente picada
El zumo/jugo de ½ limón
Si le agrada, un poco más de sal

⧗ Picar los tomates. Mezclar todos los ingredientes de la salsa. Servir las judías en un pequeño tazón, y agregar salsa a gusto.

## Cazuela de calabaza

1 kg de calabaza
2 tomates medianos, cortados en rodajas
Sal y pimienta a gusto
2 cebollas medianas, en rodajas
½ taza de queso parmesano
125 g de margarina

⧗ Pelar la calabaza y cortar en rodajas de 2 cm, más o menos. Disponer un tercio de la calabaza en una fuente para horno, añadir un tercio del tomate, la sal, la pimienta, un tercio de la cebolla y un tercio del queso. Salpicar con un tercio de la margarina. Repetir con dos capas más. Cubrir con película plástica y hornear en horno precalentado a 180 °C. Quitar la cobertura y continuar la cocción 10 minutos más.

🍴 De 4 a 6 raciones.

## Lentejas sabrosas

½ kg de lentejas secas
1 l de agua
2 cucharaditas de sal
1 cebolla mediana, picada
¼ de taza de aceite de oliva extra virgen
1 lata de tomate entero

⏳ Lavar y escurrir las lentejas en un colador. Cubrir con un litro de agua, añadir la sal y hervir en cacerola tapada hasta que estén tiernas; unos 45 minutos. Vigilar con frecuencia y añadir agua, si fuera necesario. En una sartén pequeña, saltear la cebolla en aceite de oliva hasta que esté tierna. Agregar a las lentejas la cebolla, el aceite de oliva y el tomate previamente picado y escurrido, revolviendo con cuidado. Cocinar de 10 a 15 minutos. Si fuera preciso, agregar más sal.

🍴 De 4 a 6 raciones.

## Berenjenas a la parmesana

2 berenjenas/beterragas medianas
Aceite vegetal
5 tazas de salsa básica de tomate (ver receta más abajo)
½ kg de queso provolone en tajadas delgadas
⅔ de taza de queso parmesano rallado
Sal y pimienta a gusto

⏳ Pelar las berenjenas y cortar en óvalos de algo más de 1 cm. Enjuagar y escurrir. Condimentar con sal y pimienta; reservar. Rociar una fuente rectangular para horno de 9 por 12 cm con aceite vegetal. Cubrir el fondo con una taza y media, más o menos, de salsa de tomate. Disponer una capa de rodajas de berenjena sobre la salsa. Después lo mismo con tajadas de queso provolone sobre la berenjena y espolvorear la mitad del queso parmesano. Cubrir con una taza y media de salsa de tomate. Agregar la berenjena que queda y cubrir con más tajadas de provolone y parmesano. Terminar con lo que queda de salsa de tomate. Cubrir la fuente con papel de aluminio y asar en horno a 180°C de 30 a 45 minutos, hasta que, al pincharla, la berenjena se note blanda. Destapar y continuar la cocción de 10 a 15 minutos más, para reducir la cantidad de líquido.

6 raciones.

## Variación
# Pollo o ternera a la parmesana

Condimentar con sal y pimienta 8 filetes de pollo deshuesado u 8 chuletas/costeletas de ternera. Saltear en 2 cucharadas de margarina y 2 de aceite de oliva, hasta que estén ligeramente dorados. Escurrir sobre papel de cocina. Sustituir la berenjena por el pollo o la ternera en la receta anterior.

### Salsa básica de tomate

1 cebolla mediana, picada
3 dientes de ajo finamente picados
3 cucharadas de aceite de oliva extra virgen
1 lata grande de puré de tomate
1 lata chica de salsa de tomate sin azúcar
½ taza de albahaca fresca picada,
o una cucharadita de albahaca deshidratada
1 cucharadita de polvo de hornear
Sal y pimienta a gusto

En una sartén mediana, saltear la cebolla y el ajo en el aceite de oliva, hasta que estén blandos. Añadir el puré de tomate y la salsa revolviendo para mezclar, mientras se cocina sobre fuego mediano. Echar la albahaca y el polvo para hornear, sin dejar de revolver. Bajar el fuego y dejar hervir despacio. Echar sal y pimienta a gusto. Dejar hervir a fuego bajo durante 15 minutos, revolviendo con frecuencia.

Da unas 5 tazas de salsa.

## Postres

Éste es el aspecto más difícil para cualquiera que intente bajar de peso o abstenerse de los dulces para mejorar su salud, en general. Mencionaremos un par de ideas para sustituirla. Pruebe comer un puñado de frutos secos después de una comida (almendras, nueces, cacahuetes, pacanas, etcétera). Por alguna razón, parece que esto alivia, el ansia de dulces en cuestión de minutos en la mayoría de las personas. También da resultado comer una gran cucharada de mantequilla de cacahuete sin azúcar. ¡Le recomendamos que no se ponga una cucharada de este postre en la boca si está esperando una llamada de teléfono!

Otro sustituto que también da buenos resultados cuando se come afuera es tomar una sopa o algo similar como aperitivo y dejar la ensalada de hojas verdes para el postre. Éste es el modo en que suelen comer los franceses; ellos no tienen tanta obesidad ni tantos problemas cardiovasculares como casi todos los demás países occidentales.

El queso también constituye un buen postre. Pero no coma queso ni una cantidad abundante de algún otro alimento graso si, por casualidad, ha ingerido una cantidad grande de hidratos de carbono (pan, arroz, etcétera), en la misma comida.

En general, el helado de crema y el yogur sin azúcar o libres de azúcar no sumarán kilos a casi nadie. Sin embargo, no todos tenemos el mismo metabolismo, y si bien los helados no han hecho aumentar de peso a los autores, tal vez no resulte igual para todos. No hemos podido encontrar información sobre los índices glucémicos de varios ingredientes de los sustitutos del azúcar como, por ejemplo, la maltodextrina, el azúcar de alcohol o el sorbitol, presentes en esos productos. Recomendamos evitar los alimentos con grandes cantidades de edulcorantes, porque todos son hidratos de carbono y, en última instancia, nuestro organismo los descompondrá en azúcar. Si estos endulzantes aparecen a la cabeza en las listas de ingredientes, no cabe duda de que es porque están en grandes cantidades; por lo tanto, es preciso evitarlos. En cambio, los edulcorantes basados en aspartamo y en sacarina son aceptables.

## Frambuesas (o fresas) con nata

Si quiere comer alguna baya como postre, prefiera frambuesas porque son las que contienen más proporción de fibras. Si no le agradan, las fresas/frutillas también tienen un contenido relativamente alto de fibras. Trate de evitar incluso este tipo de fruta en el postre si ha consumido una comida copiosa, cuyo plato principal era de carnes rojas. Como guarnición, use nata/crema verdadera en lugar de las cremas artificiales azucaradas.

## Manzanas Goochi

2 manzanas golden/deliciosas, sin pelar, cortadas en cuñas
1 lata de piñas/ananás dietética, al natural
1 racimo de uvas
1 naranja fresca, pelada y cortada (optativo)
½ taza de zumo/jugo de naranja
un poco de canela
unos trozos de mantequilla

⌛ En una fuente para horno disponer los gajos de manzana, de piña con su zumo, las uvas y el zumo de naranja. Espolvorear canela y poner unos trozos de mantequilla, revolver, cubrir y cocinar en horno a 180 °C durante 20 minutos. Éste no es un postre particularmente hipoglucémico, pero es bueno y puede comerse de tanto en tanto.

🍴 4 raciones.

# Recetas de alta cocina
## al estilo de *La dieta antiazúcar*

Y ahora, veamos algunas de las recetas permitidas por este libro, y que están en la carta de algunos buenos restaurantes. Aun así, le aconsejamos recordar que, después de examinar la cocina de nuestro estado, Luisiana, hemos llegado a la conclusión de que tiene efectos negativos sobre la salud. Un estudio del ámbito nacional ha demostrado que es ésta una zona densamente poblada por personas con sobrepeso que, además, manifiestan alta incidencia de enfermedades cardiacas, diabetes y otras dolencias relacionadas con el sobrepeso. En Luisiana no se come para vivir; se vive para comer.

¿Qué se puede hacer con respecto a una tradición tan enraizada? La respuesta es *La dieta antiazúcar*. Muchos locales no sólo lo han adoptado; también se han convertido en sus más acérrimos defensores. ¡Mucha gente está bajando de peso en la ciudad! ¿Cómo podrían renunciar a la deliciosa comida tradicional de Nueva Orleans? ¡Eh, no tienen por qué renunciar! Como podrá ver en la lista de la Figura 10 (pp. 125 a 128), usted puede comer cosas como ostras, langostinos, carnes, queso e incluso más.

Muchos restaurantes de categoría de la ciudad no exhiben en sus cartas los platos del tipo que propone *La dieta antiazúcar*. Pero no es difícil adaptar la mayor parte de la cocina de jerarquía a la fórmula de *La dieta antiazúcar* para comer sanamente. El arroz blanco puede ser reemplazado por arroz integral. El pan de trigo integral de molido artesanal puede sustituir al pan blanco en los aderezos, para dar un sabor que, en realidad, requiere poco condimento. Por respeto a la tradición, los sicilianos ponen polvo de hornear en lugar de azúcar en la salsa de tomate para neutralizar su acidez.

Queremos agradecer a los talentosos *chefs* de Nueva Orleans que han acordado gentilmente compartir con nuestros lectores algunas de sus recetas. Todas ellas son de su propiedad o de los establecimientos donde trabajan.

## Pasta de harina integral

### Cómo hacer su propia pasta

Recomiendo calurosamente que invierta en comprar una pequeña máquina doméstica de amasar para su cocina y prepare sus propias pastas frescas. No es más difícil que hacer cualquier otro tipo de masa, y brinda resultados superiores. Si bien pueden encontrarse muchas máquinas de amasar muy complicadas en el mercado, el mejor dispositivo para hacer pasta es el que funciona a mano y es muy sencilla. Una buena máquina de amasar es aquélla hecha de acero inoxidable, que consiste en un conjunto de rodillos de unos 15 cm de longitud, movidos por engranajes. Modificando el espacio entre los rodillos, se puede variar el grosor de la pasta. Sea cual sea la forma que dará a la pasta, he aquí la receta para hacer la masa:

2 tazas de harina de trigo integral
(preferiblemente, de molido artesanal)
1 huevo entero
½ taza de agua
½ cucharadita de sal
1 cucharadita de aceite de oliva extra virgen

Poner la harina en el recipiente de mezcla. Agregar el huevo, el agua, la sal y el aceite y mezclar hasta que esté firme. Amasar con las manos hasta obtener un bollo de masa (para hacerlo más fácil se puede utilizar el procesador de alimentos). *Nota*: si la masa no formara un bollo, añadir dos cucharadas de agua, hasta que no se pegue a las manos. Dejar descansar el bollo, tapado con un paño, durante 10 minutos. Cortar un trozo de masa del tamaño aproximado del puño. Aplastar en forma de disco y espolvorear ligeramente con harina. Seleccionar el espesor mayor en el dial de la máquina. Pasar el disco de masa por entre los rodillos. Espolvorear con harina, doblar extremo con extremo y pasar otra vez. Regular la máquina a un espesor menor y volver a pasar la masa. Volver a bajar el espesor y pasar la masa una vez más. En ambos casos doblar la masa como antes. De este modo, se tendrá una larga tira de pasta. (Sujetar el extremo de la pasta con la mano libre, de modo que no se amontone, y tirar de ella a medida que salga de la máquina.) Poner la máquina en el grosor mínimo y pasar la masa una vez más, pero esta vez, sin doblarla.

Ahora hay una tira de masa básica. Se pueden usar los accesorios que vienen con la máquina para cortarla en forma de cabellos de ángel, spaghettis, *linguine* o *fetuchini*. Rinde 4 raciones pequeñas (aperitivo o plato de acompañamiento) o dos grandes (del tamaño de una entrada). Servir con dos tazas de *Salsa pomodoro basilico* (salsa de tomate con albahaca; ver receta a continuación).

## Salsa pomodoro basilico

1 cucharada de aceite de oliva
⅛ de taza de cebolla picada
1 cucharadita de ajo picado
¼ de taza de vino tinto
2 tazas de tomate triturado
(cerciórese de que no contenga azúcar)
2 tazas de jugo de tomate natural
½ cucharadita de sal
¼ de cucharadita de pimienta blanca
2 ramitas de orégano fresco picado
8 hojas de albahaca fresca picadas
4 ramitas de perejil picado
1 hoja de laurel

En una sartén, sobre fuego mediano, calentar bien el aceite de oliva. Rehogar allí la cebolla y el ajo hasta que queden transparentes. Agregar el vino y dejar hervir. Luego añadir el tomate y el jugo de tomate. Bajar el fuego y dejar hervir despacio. Después de 30 minutos, más o menos, si fuera necesario, echar agua (una taza o menos), para dar a la salsa la consistencia adecuada. Es preferible que la salsa sea tan líquida que bañe la pasta con facilidad pero no tanto que se escurra. Agregar sal, pimienta, orégano, albahaca, perejil, y la hoja de laurel. Cocinar a fuego bajo otros 15 a 20 minutos. Rectificar la sazón, si fuera necesario. Rinde algo más de un litro, suficiente para 8 platos de pasta.

*Variación*: Si se desea, se pueden agregar 5 langostinos por ración de pasta. La salsa también es apropiada para acompañar pechuga de pollo, carne vacuna, pavo y ternera.

## Filet de boeuf nature marchand de vin
### (filete con salsa Marchand du vin)

Filet
4 bistecs de solomillo/lomo de ¼ kg
1 cucharada de aceite de oliva
Sal y pimienta a gusto
1 cucharada de perejil picado para decorar

⧗ Pincelar los bistecs con el aceite y sazonar la carne con sal y pimienta. Asar a la parrilla, primero de un lado, luego del otro, hasta que esté hecho a gusto.

Poner el filete en medio del plato, cubriendo con la salsa Marchand de vin (véase la receta a continuación). Esparcir encima el perejil picado.

🍴 4 raciones.

## Roux

4 cucharadas de mantequilla/manteca derretida
4 cucharadas de harina de trigo integral

### Salsa

1 taza de cebolla blanca picada
1 taza de champiñones picados
6 dientes de ajo machacado
3 cucharadas de mantequilla/manteca
2 tazas de caldo de carne concentrado
(sal y pimienta a gusto)
1 taza de vino tinto
3 cucharadas de salsa inglesa (Worcestershire)
Sal y pimienta a gusto

⧖ Para preparar el *roux*, derretir la mantequilla en una sartén pequeña y añadir la harina. Tostar la harina hasta que adquiera un color de caramelo oscuro y reservar. Para la salsa, saltear la cebolla, los champiñones y el ajo en la mantequilla hasta que estén levemente dorados. Agregar el caldo de carne, el vino, la salsa inglesa, la sal y la pimienta. Cocinar durante 15 minutos para reducir el líquido, luego agregar el *roux*. Mezclar bien.

🍴 Rinde unas 3 tazas.

# Ravigote de langostinos

6 hojas de lechuga
2 tazas de lechuga cortada en juliana
6 tomates, cada uno cortado en 6 cuñas
1 kg de langostinos hervidos, pelados
1 taza de salsa *Ravigote* (ver receta más abajo)
6 filetes de anchoas
Vinagreta (ver receta más abajo)

⧖ Poner una hoja de lechuga en el centro del plato. Luego ⅓ de taza de lechuga en juliana en el centro de la hoja. Acomodar un trozo de tomate a cada lado de la hoja. Bañar los langostinos pelados en la salsa Ravigote. Poner unos 170 gramos de Ravigote con langostinos en cada plato y, encima, un filete de anchoa. Verter encima unos 30 gramos de vinagreta.

🍴 6 raciones.

# Salsa Ravigote

1½ tazas de mayonesa
1½ cucharada de morrón rojo dulce picado
1½ cucharada de cebollín picado
1½ cucharada de anchoa picada
1½ cucharada de pimiento picado

⧖ Mezclar todos los ingredientes y enfriar.

# Salsa vinagreta

1 taza de aceite de oliva
⅓ de taza de vinagre
½ cucharadita de mostaza en polvo
½ cucharadita de sal
½ cucharadita de pimienta blanca, finamente molida

⧖ Poner los ingredientes en una botella y agitar para mezclar.

# Pollo a la cazadora

1 pollo asado de 1,600 kg, sin piel,
cortado en 8 piezas
1 diente de ajo grande, machacado
1 ramita de romero fresco de 8 cm
¼ cucharadita de sal
4 cucharadas de aceite de oliva extra virgen
¼ cucharadita de pimienta negra recién molida
3 morrones rojos cortados en triángulos de 3 cm
¼ de taza de cebolla picada
½ taza de tomates perita de lata
½ taza de vino tinto
1 l de caldo de pollo
sal y pimienta

⧖ Lavar y secar las piezas de pollo. Mezclar el ajo, el romero y la sal en la licuadora y triturar formando una pasta. Frotar las piezas de pollo con la pasta, cubrir con película plástica y refrigerar durante 24 horas.

Calentar el aceite en una cacerola profunda a fuego mediano. Saltear el pollo hasta dorar de todos lados. Espolvorear con pimienta negra mientras se dore. Sacar el pollo de la cacerola y reservar. Poner el morrón y la cebolla, cocinar hasta que la cebolla esté transparente, volver a poner el pollo en la olla, agregar los tomates y el vino. Cocinar unos 20 minutos, hasta que el vino se evapore. Agregar el caldo de pollo y hervir a fuego bajo otros 20 minutos, hasta que la carne del pollo esté tierna. Añadir sal y pimienta a gusto. Servir en un cuenco grande, precalentado, con una rebanada gruesa de pan de trigo integral tostado en la parrilla, frotado con un diente de ajo fresco.

2 raciones.

## Langostino y linguine de harina integral

60 g de aceite de oliva
60 g de ajo en láminas
8 langostinos pelados, sin venas, con las colas
¼ de cucharadita de pimentón
¼ de taza de vino blanco
1 cucharada de albahaca fresca
125 g de radicheta picada fino
125 g de linguine (cocidos al dente)
1 cuchara de aceite de oliva extra virgen
sal y pimienta negra a gusto

En una sartén honda mediana, calentar a fuego medio el aceite de oliva y el ajo juntos, hasta dorar el ajo. Revolver continuamente mientras el ajo se dora. Una vez dorado, echar los langostinos, sal, pimienta y el pimentón. Saltear de 1 a 2 minutos. Agregar vino blanco, albahaca fresca, la radicheta y de medio a tres cuartos de vaso de agua. Cocinar a fuego vivo, hasta que los langostinos estén hechos. Poner en la sartén los linguine cocidos y calientes, y revolver bien con la mezcla de langostinos y aceite de oliva. Echar sal y pimienta a gusto. Poner la pasta en tazones y verter encima una pequeña cantidad de aceite de oliva. Adornar con una flor de albahaca fresca.

**Nota del chef**: en este plato, es muy importante el correcto dorado del ajo, porque todo el sabor proviene de él. Al hacerlo, tener cuidado de no quemarlo. Si parte del ajo se quemara, el plato quedaría amargo.

2 raciones.

## Caldo oscuro

1 kg de huesos (de ternera o de cerdo)
2 cebollas cortadas
2 dientes de ajo machacados
3 tallos de apio cortados en trozos
Vino tinto
½ taza de romero, tomillo y orégano frescos

Para hacer un caldo oscuro, saltear los huesos en una cacerola profunda, junto con las cebollas, el ajo, y el apio, hasta que estén dorados. Glasee con el vino tinto varias veces durante la operación. Cuando el color sea el deseado (oscuro), echar agua fría hasta cubrir. Añadir hierbas para aromatizar. Cocinar a fuego bajo durante 4 a 5 horas, hasta que quede oscuro y concentrado. Colar antes de usar. El caldo concentrado puede congelarse para uso futuro.

## Filete de carne a la parrilla

¼ kg de filete de carne
sal y pimienta negra triturada
175 g de espárragos
1 cucharada de mantequilla/manteca
½ vaso de agua
120 g de boniato/batata/camote asado
60 g de salsa holandesa (ver receta a continuación)

⧖ Sazonar la carne con sal y pimienta de ambos lados. Asar sobre leña fragante hasta el punto de cocción elegido. Rehogar los espárragos en la sartén, con la mantequilla y el agua. Echar sal y pimienta a gusto.

Asar los boniatos con su piel en el horno a fuego vivo, hasta que penetre fácilmente un tenedor o un cuchillo. Quitar la piel.

Disponer la carne en el plato. Poner los espárragos a un costado y acomodar los boniatos pelados, cortados en rodajas, al otro. Cubrir la carne con salsa holandesa.

🍴 1 ración.

## Salsa holandesa

1 yema de huevo
el zumo/jugo de ½ limón
sal y pimienta blanca a gusto
50 g de mantequilla/manteca clarificada
(derretida y tamizada)
1 cucharada de agua

⧗ Esta salsa puede quemarse si no se calienta correctamente. Medir unos 3 centímetros de agua en el bol de mezclar. Poner el agua en una sartén. Calentar el agua casi hasta el punto de ebullición. Poner la yema de huevo, el zumo de limón, la sal y la pimienta blanca en el bol. Poner el bol sobre el agua, sin dejar que el líquido toque el fondo del recipiente. Batir la mezcla de huevo hasta que espese ligeramente; luego, echar gota a gota la mantequilla clarificada, sin dejar de batir. Si el fondo del recipiente se calentara demasiado y ya no se sintiera tibio al tacto, sacar unos segundos de la sartén con agua y dejar enfriar. Cuando se haya incorporado toda la mantequilla y la salsa haya espesado, echar la cucharada de agua. Servir la salsa de inmediato o mantenerla en lugar templado a temperatura ambiente, hasta que llegue el momento de usarla.

🍴 Rinde 2 tazas.

## Langostinos a la parrilla con ensalada verde

6 langostinos frescos
15 g de aceite de oliva

1 cucharadita de ajo fresco
1 cucharada de hierbas frescas, finamente picadas
(romero, orégano y albahaca)
sal y pimienta negra a gusto
3 rodajas de tomate, sazonadas con vinagre de vino
125 g de verduras de hoja
½ pepino pelado, sin semillas y cortado en rodajas
30 g de vinagreta de caña
(véase receta a continuación)
3 rodajas finas de cebolla valenciana/roja

⧗ Marinar los langostinos en aceite de oliva, ajo, hierbas frescas, sal y pimienta durante media hora. Luego, asar en la parrilla. Disponer tres rodajas de tomate en el borde de un plato. Condimentar con sal y pimienta negra. Sazonar las verduras de hoja y el pepino con la vinagreta. Poner en el centro del plato junto a las rodajas de tomate y de cebolla.

🍴 1 ración.

## Vinagreta de caña

30 g de vinagre blanco
30 g de aceite de oliva extra virgen
1 cucharadita de mostaza en polvo
1 cucharadita de albahaca fresca
Sal y pimienta a gusto

⧗ Mezclar todos los ingredientes.

## Boniatos a la lyonnaise

2 boniatos/batatas/camotes grandes,
horneadas hasta que estén hechos pero firmes,
enfriados y pelados
Aceite de oliva
1 cebolla mediana
Sal y pimienta a gusto

⧗ Cortar los boniatos en rodajas gruesas y saltear en dos cucharadas de aceite de oliva, de cacahuete/maní o de mantequilla hasta que se tuesten ligeramente. Cortar la cebolla en rodajas finas y saltear en una cucharada de aceite de oliva, de cacahuete, o de mantequilla hasta dorarla. Mezclar la cebolla y el boniato y espolvorear sal y pimienta a gusto (no condimentar en exceso este plato).

🍴 4 raciones.

## Bouillabaisse a la Emeril

2 cucharadas de aceite de oliva
1 taza de cebolla picada
½ taza de apio picado
3 dientes de ajo
1 hoja de laurel
8 granos de pimienta negra
2 ramas de tomillo
½ kg de espina de pescado
agua para cubrir

1 taza de vino blanco
1 pizca de azafrán
1 taza de puerro en juliana
3 tazas de tomate pelado, sin semillas, cortado
el zumo/jugo y la peladura de una naranja
1 taza de hinojo cortado en juliana
2 cucharadas de ajo picado
2 cucharadas de perejil finamente picado
1 kg de pescados pequeños surtidos enteros, trucha fresca,
perca o bagre de piscifactoría, limpios y sin escamas
1 langosta grande
½ kg de langostinos, pelados y sin venas
¼ kg de almejas
¼ kg de mejillones
Sal y pimienta a gusto
Rouille (ver la receta siguiente)

⧗ Para el caldo, calentar el aceite de oliva en una cacerola grande. Añadir la cebolla y el apio. Sazonar con sal y pimienta. Rehogar durante tres minutos. Agregar el ajo y cocinar un minuto más. Añadir la hoja de laurel, los granos de pimienta, y el tomillo. Poner las espinas de pescado, agua para cubrir y vino. Llevar el líquido al punto de ebullición; luego, bajar el fuego. Cocinar 30 minutos. Retirar del fuego, y tamizar.

Para la *bouillabaisse*, poner el caldo en el fuego y llevar a un hervor suave. Agregar el azafrán, el puerro, el tomate, el zumo y la piel de naranja, el hinojo, el ajo picado y el perejil. Sazonar con sal y pimienta. Añadir el pescado y la langosta. Cocinar durante ocho minutos. Poner los langostinos, las almejas y los mejillones. Cocinar 6 minutos más, o hasta que se abran las valvas.

Descartar cualquier marisco que no se abra. Condimentar con sal y pimienta. Para concluir, disponer los frutos de mar en una fuente poco profunda. Verter el caldo sobre ellos. Salsear *rouille* sobre los pescados y mariscos.

6 raciones.

## Rouille

1 morrón rojo, asado y pelado
2 dientes de ajo
1 yema de huevo
1 cucharada de mostaza de Dijon
el zumo/jugo de un limón
¾ de taza de aceite de oliva
sal y pimienta

Pasar por una procesadora de alimentos los cinco primeros ingredientes hasta obtener una pasta suave. Sin detener la máquina, agregar el aceite de oliva en un chorro continuo. Condimentar la mezcla con sal y pimienta.

Rinde aproximadamente 1 taza.

## Pollo a la Grande

¾ de taza de aceite de oliva
2 pollos de 1 ½ kg (cortados en octavos)
½ cucharadita de sal
1 cucharadita de pimienta blanca recién molida

10 dientes de ajo sin pelar, aplastados
1 cucharadita de romero
1 cucharadita de orégano
1 taza de vino blanco seco

⧗ Calentar el aceite de oliva en una sartén grande y poner los trozos de pollo. Dar vuelta con frecuencia, salteando hasta que estén dorados. Espolvorear el pollo con sal y pimienta. Agregar el ajo, el romero y el orégano, revolviendo para distribuir bien los condimentos. Verter el vino sobre el pollo y cocinar a fuego bajo hasta que el vino reduzca a la mitad. Servir el pollo caliente con el líquido de la cocción.

🍴 6 raciones.

## Langostinos a la italiana

1 kg de langostinos grandes, frescos, enteros
(con cabezas, sin pelar)
1 taza de aceite de oliva
1 cucharada y una cucharadita de sal
2 cucharaditas de pimienta negra recién molida
2 cucharaditas de hojas de orégano
2 cucharaditas de hojas de romero
3 hojas de laurel
25 dientes de ajo, moderadamente machacados
1 taza de vino blanco seco

⧗ Muchos cocineros preparan una variante de la barbacoa de langostinos de Nueva Orleans. Pero nadie hace una salsa de aceite de oliva, ajo, orégano y romero tan buena como ésta.

Poner todos los ingredientes, menos el vino, en una sartén grande y cocinar a fuego mediano de 15 a 20 minutos, o hasta que los langostinos estén rosados y el líquido que suelten se haya reducido casi por completo. Revolver de vez en cuando. Bajar el fuego y agregar el vino. Cocinar a fuego bajo hasta que el líquido se haya reducido a la mitad, es decir, de 5 a 7 minutos. Servir caliente los langostinos con su salsa de cocción. Un agradable acompañamiento podría ser un buen pan de harina integral para ensopar en la salsa.

6 raciones.

## Ensalada *La dieta antiazúcar*

⅔ de taza de trigo burgol

1 ½ tazas de guisantes/arvejas/chícharos
(cocidos y escurridos)

⅓ de taza de lentejas (secas)

⅓ de taza de cebollín picado

1 ½ tazas de tomate picado

1 ½ tazas de perejil finamente picado

1 taza de queso feta desmenuzado

¾ de taza de aceite de oliva extra virgen

1 taza de zumo/jugo de limón fresco (o a gusto)

Sal y pimienta a gusto

Enjuagar y escurrir el trigo tres veces. Luego, remojar en agua tibia y reservar. A continuación, enjuagar con cuidado las lentejas. Hervir las lentejas en agua o en caldo de pollo hasta que estén tiernas. No cocinar de más. Colar inmediatamente las lentejas y refrescar con agua fría. En una ensaladera grande, poner los demás ingredientes. Mezclar entonces el trigo y las lentejas. Probar y condimentar. Tal vez sean necesarios más agua o aceite, ya que las legumbres y el cereal absorben los líquidos. Servir a temperatura ambiente. Se puede guardar en el refrigerador. Al servir, tal vez sea necesario volver a agregar líquido.

8 raciones.

## Mousse de chocolate *La dieta antiazúcar*

700 g de chocolate amargo de muy buena calidad
1 ½ litros de nata/crema de leche
5 yemas de huevo
180 g de café descafeinado
5 claras de huevo

Derretir el chocolate en el horno de microondas o a baño de María. Calentar dos tazas de nata. Añadir las yemas de huevo y el café descafeinado, luego verter la mezcla de nata, huevo y café sobre el chocolate. Batir hasta que no queden grumos. Montar/batir las claras de huevo y mezclar suavemente en la mousse. Montar/batir el resto de la nata hasta que haga picos suaves y mezclar con la mousse. Enfriar hasta el momento de servir.

8 a 10 raciones.

# Las preguntas
## más frecuentes

Como durante dos años hemos recibido las respuestas a nuestro cuestionario voluntario con respuesta paga que habíamos incluido en el original de *La dieta antiazúcar* y más tarde recogimos preguntas en nuestro sitio de Internet, se nos ocurrió publicar las respuestas a las preguntas que nos han formulado con mayor frecuencia. La información más requerida era la que tiene relación con el "Plan de comidas para 14 días", con el capítulo de recetas y con el índice glucémico expandido de la Figura 4 (pp. 73 a 79).

La reacción al primer *La dieta antiazúcar* fue abrumadoramente dirigida al tema de la pérdida de peso y al mejoramiento de la composición sanguínea. Pedimos disculpas a aquéllos cuyas preguntas no hemos podido contestar a tiempo y esperamos que encuentren respuestas a ellas en este capítulo.

P. ¿Qué clase de pan puedo comer?

R. Pan de harina integral, sin cantidades importantes de azúcar, melaza, etcétera. Le siguen el de trigo integral molido a mano, sin azúcares.

P. ¿Qué cantidad de pan permitido puedo comer?

R. Dos rebanadas diarias, si es que desea bajar de peso. Tres rebanadas, como máximo, si sigue un programa de mantenimiento.

P. ¿Es verdad que puedo comer grandes cantidades de proteínas?

R. No, el tamaño de la ración es importante; el exceso de proteínas se convierte en grasas y, en algunas personas, eso significa aumento de peso.

P. Cuando uno ingiere una comida abundante en grasas, ¿debe eliminar casi todos los hidratos de carbono?

R. No se *deberían* comer alimentos ricos en grasas. En principio, la grasa debe consumirse en combinación con carnes magras o desgrasadas, o con aceites mono o polinsaturados. Si debe comer una comida con abundancia de grasas, combínela sólo con hidratos de carbono hipoglucémicos.

P. ¿Cuáles son los zumos de fruta mejores para beber?

R. Los que no estén endulzados. Los mejores son los que se extraen de la fruta fresca entera. Y, mejor todavía, si come la fruta entera, completa. Las bebidas hechas con fruta y las "bebidas para deportistas" son inaceptables, porque tienen el agregado de cantidades excesivas de azúcares refinados.

P. La mayoría de los alimentos "sin azúcar agregado" contienen ingredientes como la maltodextrina, la cebada malteada, la polidextrosa, maltitol, sorbitol o azúcar de alcohol. ¿Alguno de ellos es aceptable? ¿Cuál?

R. Todos ellos son hidratos de carbono y, como tales, elevan la proporción de azúcar en la sangre. Sin embargo, su índice glucémico es muy inferior al de la glucosa. Deben consumirse en cantidades lo más pequeñas posibles.

P. ¿Está bien consumir alimentos con almidón o almidón de maíz?

R. No, el almidón no es otra cosa que una molécula grande de azúcar. Cuando ya se encuentra en nuestro tracto digestivo, se convierte rápidamente en glucosa.

P. ¿Cualquier píldora de vitaminas provoca una secreción considerable de insulina, teniendo en cuenta que algunas contienen azúcar o algún almidón comestible?

R. No, la capa azucarada que recubre las píldoras contiene una cantidad mínima de azúcar.

P. ¿Cómo o cuándo se reducen o eliminan los altos niveles de grasa en circulación si hay poca insulina presente en el organismo?

R. Las grasas son convertidas en ácidos grasos libres por la lipasa, una hormona sensible a ella, y esos ácidos son empleados por el organismo como fuentes de energía por muchos de nuestros órganos vitales, por ejemplo, el corazón, los riñones y los músculos.

P. ¿Por qué el estilo de vida de *La dieta antiazúcar* hace descender los niveles de triglicéridos?

R. Porque reduce el azúcar y la insulina. Recuerde que la insulina facilita la transformación del exceso de azúcar en grasa y que los triglicéridos son grasas.

P. ¿Qué es lo que permite a las personas de mediana edad, delgadas, consumir grandes cantidades de azúcar o de hidratos de carbono de alto índice glucémico sin que se formen depósitos de grasa?

R. Algunos individuos tienen un ritmo metabólico más intenso y/o más masa muscular que, por lo tanto, utiliza más azúcar como fuente de energía. En consecuencia, queda muy poco para ser convertida en grasa.

P. ¿Cuáles son los problemas más comunes que impiden el descenso de peso aun con el estilo de vida de *La dieta antiazúcar*?

R. Primero, comer una cantidad desmesurada de hidratos de carbono "legales", por ejemplo, panes y pastas de trigo integral, boniatos, etcétera. Segundo, demasiados tentempiés y/o hacer trampas con excesiva frecuencia, aunque sean pequeñas. Tercero, no hacer gimnasia. Cuarto, una predisposición genética al almacenamiento de grasa. Quinto, los suplementos de hormonas.

P. ¿Cuántos gramos de azúcar refinado pueden o deben consumirse por día?

R. Es preferible no consumir nada pero, sin duda, lo mejor es lo menos posible. Cualquier alimento por sí solo, como el cereal, debe contener tres gramos o menos.

P. ¿Cuál es la diferencia entre trigo integral, cereal integral y trigo molido artesanalmente? ¿Todos los panes de esas características son aceptables?

R. En un sentido básico, son todos iguales, excepto el integral, que puede contener otros cereales, además del trigo, como avena o centeno. El problema reside en la cantidad de azúcar que el fabricante puede haber añadido y el grado de refinamiento (el tamaño de las partículas) de la harina. Cuanto más gruesa, mejor.

P. ¿Por qué aparecen el trigo triturado y las galletas de arroz como comidas permitidas en su plan de comidas de muestra (en el libro original)?

R. Están permitidas porque, algunas de ellas tienen un índice glucémico inferior al de sus versiones "blancas".

P. Si se puede comer un chocolate amargo, con alto contenido de cacao (que, de todos modos, contiene azúcar), en la merienda, ¿por qué, de la misma manera, no se puede comer un plátano?

R. Podría comerse uno. De todas maneras, ambos tienen índices glucémicos más elevados que una galleta integral con una tajada fina de queso o una fruta de bajo índice glucémico, como una manzana, una pera o una naranja.

P. ¿Qué cremas heladas o yogures son aceptables?

R. Los mejores son los de bajo contenido graso, sin azúcar agregado. Pero es preciso tener en cuenta que ninguno es muy recomendable si se consume con demasiada frecuencia y se desea bajar de peso.

P. ¿Está bien el jarabe de maíz de alta fructosa?

R. No, es un endulzante de alto índice glucémico.

P. ¿Es aceptable la semolina?

R. Sí, son las partículas de harina que quedan después de que se han retirado los componentes finos, blancos. Pero no debe ser vuelta a procesar.

P. ¿Está bien beber leche entera?

R. La desnatada/descremada o al 2 por ciento contiene menos mantequilla (grasa); la leche al 2 por ciento es una buena solución intermedia entre la leche desnatada y la entera.

P. ¿Son aceptables todos los frutos secos y las semillas (de calabaza o de girasol)?

R. Sí, pero, una vez más, con moderación, poca cantidad cada vez. No más de una docena.

P. ¿No hay problemas con la sal?

R. Es preferible no agregar sal cuando ya estamos sentados a la mesa. Use una cantidad moderada de condimentos mientras cocine, pues un exceso de sal puede provocar la retención de líquidos; por eso, la sal es una contribución de peso para provocar hipertensión arterial.

P. ¿Es aceptable la sémola de maíz?

R. No, porque está hecha con maíz molido.

P. ¿El ñame y el boniato son lo mismo?

R. Técnicamente, no, pero en cuanto a los efectos prácticos, en EE.UU. son lo mismo.

P. ¿Por qué no son aceptables los budines sin azúcar y la gelatina?

R. Lo son, sobre todo los que no contienen grasas.

P. ¿Es permitido el *Coffeemate*?

R. No, porque contiene aceite de coco, que es de alto colesterol.

P. ¿Podría consumir fruta con la comida, si no me provoca indigestión?

R. Sí, pero lo ideal es consumir la fruta sola, como refrigerio, para aprovechar el máximo beneficio de la secreción reducida de insulina después de la comida. Por otra parte, muchas personas han mejorado su digestión consumiendo la fruta treinta minutos antes o dos horas después de las comidas principales.

P. El estilo de vida de *La dieta antiazúcar*, ¿es bueno para los niños?

R. Sí; más del 50 por ciento de los niños tienen sobrepeso; esto se debe, sobre todo, al exceso de azúcar. Por otra parte, los elevados niveles de insulina durante la infancia y los primeros años de la adultez predisponen a la persona a un mayor riesgo de obesidad, diabetes, hipertensión y enfermedades cardiovasculares, en etapas posteriores de la vida.

P. El estilo de vida de *La dieta antiazúcar*, ¿es bueno para las mujeres embarazadas?

R. Sí; siguiendo el estilo de vida de *La dieta antiazúcar*, las mujeres tienen menos probabilidades de ser prediabéticas o diabéticas durante el embarazo; esto, a su vez, reduce la incidencia de la diabetes en sus hijos, en etapas posteriores de la vida.

# Glosario

**Ácidos grasos libres:** componente estructural de la grasa

**Amilasa:** enzimas segregadas por las glándulas salivales y el páncreas, que descomponen los hidratos de carbono.

**Aminoácidos:** los ladrillos de la construcción de proteínas. Existen nueve aminoácidos esenciales o necesarios que el cuerpo no puede fabricar por sí mismo; deben ser aportados por los alimentos que consumimos (el huevo contiene a los nueve).

**Antioxidantes:** compuestos químicos que aceptan rápidamente un radical libre de oxígeno, inhibiendo así la oxidación de los ácidos grasos polinsaturados, que son importantes para el mantenimiento de la salud celular. Las vitaminas A, C y E son antioxidantes.

**Arteriosclerosis:** el proceso de endurecimiento de las arterias por medio de la formación de placas en el revestimiento interno de los principales vasos sanguíneos.

**Ateroma:** (también denominado *plaqueta*) es un depósito de colesterol, calcio y coágulo sanguíneo que se encuentra en el revestimiento de los principales vasos; eventualmente puede llevar a una obstrucción.

**Azúcares simples:** también llamados *monosacáridos.* Los más importantes son la glucosa, la fructosa (azúcar de la fruta) y la galactosa (azúcar de la leche).

**Bioflavonoides:** compuestos que se encuentran en la naturaleza en forma de pigmentos amarillos sin valor nutritivo, pero que pueden contribuir a proteger la salud de las paredes arteriales reduciendo su contenido en colesterol.

**Caloría:** unidad de energía calórica requerida para subir la temperatura de un kilogramo de agua en un grado Celsius.

**Células Beta:** células especializadas del páncreas, responsables de la producción y secreción de insulina.

**Coágulo sanguíneo:** sangre coagulada o cuajada.

**Colesterol de alta densidad (HDL):** colesterol, lipoproteína de alta densidad, sustancia de la que se cree que protege de las enfermedades cardiacas.

**Colesterol de baja densidad (LDL):** colesterol, lipoproteína de baja densidad, al que se considera el mayor factor de riesgo entre las causas de las enfermedades cardiacas.

**Colesterol:** compuesto perteneciente a una familia de sustancias llamadas esteroles. Por lo general, se combina con la grasa que circula por la corriente sanguínea para su distribución por todas las células.

**Diabetes mellitus Tipo I:** enfermedad caracterizada por la falta de insulina y, en consecuencia, elevado nivel de glucosa (azúcar) en la sangre.

**Diabetes mellitus Tipo II:** enfermedad caracterizada por la resistencia de las células del organismo a la acción de la insulina; como la de Tipo I, también provoca un alto nivel de glucosa (azúcar) en la sangre.

**Energía:** capacidad de producir movimiento o calor.

**Esteroles:** esteroides complejos, uno de los cuales es el colesterol.

**Fructosa:** azúcar simple que se encuentra en las frutas. Su efecto de estimulación de la insulina es menor que el de la galactosa y la glucosa.

**Galactosa:** azúcar simple que se halla en los productos lácteos. Sus efectos estimulantes de la insulina son menores que los de la glucosa.

**Glicérido:** nombre grupal de las grasas. Los mono-, di- y triglicéridos, según contengan uno, dos o tres ácidos grasos son los componentes principales de las grasas.

**Glicerol-3-fosfato:** producto metabólico que se forma cuando la glucosa se transforma en triglicéridos

**Glicerol:** constituyente de las grasas. Desde el punto de vista químico, es un alcohol que combina con los ácidos grasos para producir grasas.

**Glucagón:** hormona segregada por el páncreas que contribuye a regular el nivel de azúcar en la sangre y a metabolizar la grasa almacenada.

**Glucógeno:** forma compleja de la glucosa que se almacena en el hígado y en los músculos; es utilizado por el cuerpo para satisfacer los requerimientos de energía.

**Glucosa:** la forma en que el azúcar circula por la corriente sanguínea; principal fuente de energía del organismo.

**Grasas monoinsaturadas:** moléculas de grasa que sólo contienen un enlace doble. Por ejemplo, en las olivas, cacahuetes y nueces de pacana.

**Grasas polinsaturadas:** moléculas de grasa que contienen dos o más enlaces dobles. La mayoría de los aceites vegetales son polinsaturados.

**Grasas saturadas:** moléculas de grasa que contienen átomos de carbono, con enlaces complejos con los átomos de hidrógeno, como en el caso de la mayoría de las grasas animales.

**Hidrato de carbono complejo:** un hidrato de carbono de estructura más compleja, como el almidón o el glucógeno. El grado de complejidad no indica la velocidad en que es digerido el mencionado hidrato de carbono.

**Hidratos de carbono:** compuestos químicos que contienen carbono, hidrógeno y oxígeno. Los hidratos de carbono son una forma de almacenamiento del azúcar.

**Hígado:** un gran órgano que dirige el metabolismo de los hidratos de carbono, las proteínas y las grasas, la producción de enzimas, colesterol y otras importantes sustancias. Es nuestro "computador metabólico".

**Hiperglucemia:** nivel anormalmente elevado de glucosa (azúcar) en la sangre.

**Hiperlipidemia:** nivel anormalmente elevado de lípidos en la sangre, por lo general, colesterol o triglicéridos, o ambos.

**Hipertensión:** presión sanguínea elevada, persistente.

**Hipoglucemia:** nivel anormalmente bajo de glucosa (azúcar) en la sangre.

**Indice glucémico:** la velocidad con que los hidratos de carbono son convertidos en glucosa, y la cifra que expresa el aumento del azúcar (glucosa) en la sangre.

**Insulina:** hormona segregada por el páncreas. Hace descender la glucosa en la sangre ordenando a las células que utilicen esa glucosa.

**Lipasa:** enzima segregada por el páncreas que digiere las grasas.

**Lípido:** una grasa, sea de origen animal o vegetal.

**Lipogénesis:** la formación de grasa a partir de la glucosa.

**Lipólisis:** descomposición de los triglicéridos en ácidos grasos libres y glicerol, usados ambos por el cuerpo como fuentes de energía.

**Lipoproteína:** combinación de grasas y proteínas que circula en la corriente sanguínea. Funcionan como los principales vehículos de los lípidos.

**Lipoproteína de alta densidad (HDL):** lipoproteínas que transportan el colesterol desde las células al hígado para su descomposición y eliminación del organismo; tal vez sea el factor principal en la generación del riesgo de enfermedad coronaria y de ataque cardiaco.

**Lipoproteínas de baja densidad (LDL):** lipoproteínas que son importantes en el transporte del colesterol.

**Lipoproteínas de muy baja densidad (VLDL):** lipoproteínas importantes en el transporte de los componentes grasos, desde el hígado hacia las células de grasa.

**Lipoproteína lipasa:** enzima muy importante en el almacenamiento de grasa.

**Metabolismo:** suma de todos los procesos químicos y fisiológicos por medio de los cuales el organismo crece y se mantiene a sí mismo, y por medio del cual las sustancias se transforman y pasan a un estado diferente.

**Modular:** regular o controlar el flujo de algo.

**Obesidad:** presencia de excesiva grasa en el cuerpo.

**Páncreas:** un importante órgano que produce insulina y glucagón, así como enzimas digestivas como la lipasa.

**Placa:** depósito de colesterol, calcio y coágulo sanguíneo en el revestimiento de las arterias principales. También se denomina *ateroma*.

**Plaquetas:** elementos de la sangre importantes para el proceso de formación de coágulos; para ello, se pegan entre sí e inician dicha formación.

**Plasma fibrinógeno:** proteína usada en la formación de coágulos de sangre.

**Resistencia a la insulina:** incapacidad de la insulina de ejercer su efecto normal de permitir la llegada de la glucosa a las células. Esto causa una elevación de la glucosa (azúcar) en la sangre y, en consecuencia, dispara la necesidad de más insulina.

**Síndrome X:** la combinación de dos o más de los siguientes síntomas: resistencia a la insulina, elevados niveles de insulina, elevados triglicéridos, obesidad e hipertensión.

**Síntesis:** producción o creación de una sustancia nueva.

**Sistema linfático:** vasos y tejido linfáticos que llevan los fluidos de vuelta al sistema cardiovascular. Es la principal vía de absorción de las grasas desde el intestino delgado.

**Triglicéridos:** el principal tipo de grasa almacenada en la mayoría de los organismos animales.

**Vaciamiento gástrico:** el proceso de la descarga de comida por parte del estómago o el tiempo que se requiere para que una comida abandone el estómago.